歴史文化ライブラリー

4

江戸の職人

都市民衆史への志向

乾　宏巳

吉川弘文館

目次

江戸職人の歴史的性格と今日的課題

消費都市江戸の職人

職人の職種はさまざまにわたっている。織機の前に座って織物に励むのも職人であり、酒造りにはげむ杜氏《とうじ》も酒造職人といえよう。江戸時代の製造工程にかかわる労働者は、すべて職人の名で呼ばれていたことは言うまでもない。

江戸職人のイメージ

職人は大きく分類して居職《いじょく》と出職《でしょく》に分けられている。居職とは屋内に作業場を持ちそこで物をつくりだす職人である。注文に応じて作ったり、また完成品を店先にならべて販売するという製造と販売を兼ねる場合が多い。出職というのは建築関係の職人などのように注文主に呼ばれて家の外に出て仕事をする職種であり、日銭稼《ひぜにかせ》ぎの出職人も多い。

江戸にももちろん多数の居職人がいたはずであるが、江戸職人のイメージには大工や左官《さかん》または植木職のような出職が浮かんでくるのであり、また事実においても他の都市に比較しても出職人が多かったことは間違いなかろう。その理由について考えておきたい。

成立期江戸の職人

江戸という新興城下町においては、伝統的な手工業または在来からの職人というものはありえない。すなわち成立期江戸においては、①城下町の建設、②集住することになった武士たちへの必要品の供給、③もっとも重要とされたのは江戸城の軍事的機能を充実させることであったろう。またこの時期は全国的な商品流通は成立していなかったので、都市と農村という関係からいうと領国内の農村で必要とする手工業品を城下町職人が供給するということが一般的にいえよう。江戸の場合ではほぼ関八州（関東八ヵ国）の手工業品を供給する役割が課せられたといちおうは考えられる。しかし初期の段階では農民は自給自足的生活が多く、特殊な技術を必要とする商品を除いては、江戸町と関東農村という社会的分業はあまり必要がなかったとみている。

江戸の職人は、御国役《おくにやく》と呼ばれ本来は軍役《ぐんやく》の意味をもった江戸城への奉仕、および武士と町人の生活に必要なものの供給という、江戸市中内部における需要をみたすための職人を考えればよいようである。しかも初期においては、一般武士の生活も戦国時代以来の質実剛健な気風を残していて、ある程度の生活レベルを維持できればよいとしたものであったとみている。

近世中期の江戸職人

一七世紀後半には、江戸幕府も安定期をむかえ、江戸が「将軍の御膝下《おひざもと》」として繁栄し、武士や町人の生活程度も向上するようになる。すると今度は上方から製品の形をとって商品が運びこまれるようになった。たとえば伊勢呉服店が江戸に出した支店（江戸店《えどだな》）は十指を越えるが、いずれも寛永期から寛文期という一七世紀中ごろ前後に江戸へ進出したものである（林玲子『江戸問屋仲間の研究』）。たとえば近江八幡《おうみはちまん》の出身で一六一五（元和元）年に江戸店を開いた西川の場合では、主要商品である近江表《おもて》は近江八幡周辺の農村副業として生産し、八幡に集荷したのち大津・伏見を経由して大坂から菱垣《ひがき》廻船で江戸へ運ばれている。蚊帳《かや》は福井から綛《かせ》糸を仕入れ、近江八幡の蚊帳問屋が同所職人や周辺農村の副業として織らせ、菱垣廻船によって江戸に運び販売されるとしている。ここには江戸職人の介入する余地がないものといえよう。

しかもこの時期に成立する江戸の主要な問屋は、いずれも京都・伊勢・近江などの上方出身であり、上方に本店を有して仕入れをおこない、江戸で市中販売をするものであった。一六九四（元禄七）年には江戸十組《とくみ》問屋の仲間結成がおこなわれ、菱垣廻船を通して大坂と江戸が直結し、上方からの物資供給のルートがほぼ確立されている。江戸はもっぱら完成品を仕入れて販売する消費地ということが確定されたのである。これは江戸が新興の都市として、伝統的な技術もなく原料の仕入れから製品化するためのルートを持たないためであった。

このため江戸の職人がおもに活躍した舞台は、上方から移入できない部門とか、または簡単な手工業的加工によって可能な職種など、すなわち土木建築関係の職種を中心にせざるを得なかったのである。しかし江戸は一〇〇万人という全国最大の人口をもつ大消費都市であり、さらに「江戸の華」といわれたほどしばしば大火をおこしたため建築需要は非常に多く、建築職人はまさに江戸を代表する職人というものにふさわしいといえよう。

近世後期の江戸職人

一八世紀に入るころになると、畿内をはじめとして農村にも特産物生産が成立するようになる。一八世紀後半には全国的に農民の商品生産がひろがり、自給的農業が解消する方向にむかう。東日本や中央山間部農村では養蚕業が農家副業としてさかんになり、生糸の産出が増加した。はじめのうちは仕上げ工程を上方が独占していたため、生産した生糸は京都へ送られて西陣《にしじん》織物となり、友禅《ゆうぜん》染めなどをほどこして完成品となって、再び関東に下って江戸で使用されるという、流通構造そのものには変化がなかった。ところが西陣の技術独占が破れて地方へ加工技術が流出するようになると、そのような流通ルートは破綻《はたん》することになる。たとえば一八世紀後半である明和・安永期には北関東の桐生織物が全工程を仕上げるまでにいたり、製品が江戸市場へ売り出されるようになる。すなわち江戸地回《じまわ》り経済圏の成立ということである。

しかしこれも流通構造の変化ということであって、江戸に製造工程が入ってくるのは染め物など一部の職種を除いてはあまりみられなかった。むしろ農村に商品生産が入ることで在郷商人が成立し、村落内に分業関係が持ち込まれることで、村方にも職人層が出現することになる。一九世紀以降には農村の分解の中から、製品の江戸市中への売り出しや農村からの出稼ぎ職人があらわれ、江戸職人との争いがさかんになる傾向が強まるのである。すなわち江戸職人の主流は、あくまでも市中需要を対象とする簡単な手工業、すなわち建築業を中心とする職人であったと考えているのである。

後進地型の江戸職人

このような江戸職人のタイプは、技術的な後進地型に属するものであろう。しかし上方との技術的格差は一八世紀後半あたりから徐々に縮められていくものとしておきたい。

後進地型にあっては、市場生産ではなくて注文生産を主体とした独立自営の形をとることが多い。むしろ狭い一定地域内の注文需要に応じるということから、特定の顧客に出入りして得意場《とくいば》を持つということが多く、そのような得意先を多く持つということが生活の安定につながるのである。

このような一定地域内の注文生産を主とした場合には、地域内における自主的な同職仲間結合によって得意場を協定し権益を確保することは比較的に容易であり、江戸職人の場合には内仲間《うちなかま》（自主的な同職仲間結合）が多く、幕府から承認された表仲間《おもてなかま》、または冥加《みょうが》金《きん》を上納するような株仲間はそれほど必要ではない。しかし近世後期になると江戸にも株仲間を要望する動きが一部の職種にあらわれるが、江戸の場合には全国的に販売するような特産物生産はみられないので、広範囲の独占権を要求する株仲間とは異なるといえる。江戸職人では、①仲間の内部が親方層と手間取り職人層などに分裂して自主的な統制ができなくなった場合、②仲間外の職人や製品が進出してきた場合、が考えられる。この点については本書で取り扱うつもりである。

民衆史としての職人史

以上のような江戸における職人のあり方は、手工業技術者としての技術史的側面、または経済史的側面からとらえるよりも、むしろ江戸の構成員としての都市民、とくに中下層町人を代表する存在としての民衆史としてのとらえる方がよいであろう。たとえば、出職人は日銭が入り、雨が降れば仕事が休みとなり、火災があれば仕事が忙しくなる。また技術者・専門職としての自負や気風を強くもっている。「宵越《よいご》しの銭《ぜに》は持たねえ」というのが江戸っ子気質の一つの条件ならば、江戸の職人気質はまさにこの条件に合うものであり、江戸っ子気質の解明にもつながるものであろう。しかし民衆意識一般からいえば、より豊かな生活を求めて渡世に励んでいるのが実態であり、江戸庶民も例外ではないであろう。ただし本心を隠して外見や強がりを重んじ、見栄や体裁に意気を感じるのが江戸人の性癖だというのならば、その例示として受け止めておきたい。

民衆史または社会史というのがさかんであるが、しかし民衆というものを具体的にとらえることは至難なことといえる。早い話が私自身も民衆の一人と自覚しているが民衆全体を代表しているとはとうてい思えないのである。地域によって、階層によって、職業によってさまざまであり、またそれらを同じくしても一人一人が異なった意識や行動をもつことも紛れもない事実なのである。民衆史をテーマにしたいと思ってもそんなに都合のよい史料など存在しないといえよう。江戸町人全体についても同様であり、町人のうちの一部の人々におけるある特殊な側面を明らかにするということを積み重ねていき、トータルとしての民衆像を構築するということになろう。その点では江戸町人の大きな部分を占めていた職人層の、同業組織の側面を明らかにするということも民衆史の貴重なテーマになりうるものと考えているものである。

しかしまた、民衆には共通したというのか普遍的な意識が存在していることも事実であろう。それは自己（または家族を含めて）の生命・財産を守りより豊かな生活を実現したいという願いとでもいうものである。そのために日々の労働に従事し、またそのことが労働に励むエネルギー源になったものであろう。

もう一つ近世民衆の共通意識を加えれば、「家」社会の形成にともなう「家」の維持と繁栄を願う意識である。この家意識が形成された時期については、都市一般については一八世紀に入る前後（元禄期ごろ）からとみている（水林彪『封建制の再編と日本的社会の確立』を参照）。そのことによって先祖を祭り子々孫々《ししそんそん》までの繁栄を願うようになり、少なくとも先祖から受け継いだ「家」を自分の代で絶やさないという家意識がつくられると考えられる。そのため家相続が重視され、屋号の継承や襲名《しゅうめい》（通名相続）がおこなわれるようになり、職業も代々継承されて家業となり、家代々を象徴する暖簾《のれん》が重んぜられる社会となったのである。

職人社会においても、一八世紀に入ると家業意識が徐々に形成されていったと考えている。とくに職人は親から子への技術の伝承、家産としての作業場および職人道具の継承、長年培ってきた信用を基にした顧客との出入り関係の維持、一定地域内を縄張りとする得意場の確保、これらが家業継承には必要な条件となっており、当然のことながらそれらの条件の維持・継承に努力したことはいうまでもない。そのうちの出入り関係の維持や得意場の確保は、注文主や他職人との関係があって自己努力だけでは達成されにくいため、同じ境遇にある同業職人が協定を結び、互いの権益は尊重するあるいは新規開業者には共同で対抗するなどを取り決める。これが職人の内仲間であり、家業継承に必要な範囲内の職人間の局地的協定であり、別に幕府などの承認を得る必要もなく自律的に仲間を運営していた。その範囲である限り、町奉行所などの当局も仲間の存在を事実上黙認していたといえるのである。ここまでは民衆史としての職人史の範疇であろう。

幕府と職人仲間　一九世紀に入る前後になると、独立自営の職人が減少していって、居職人では問屋の支配をうけて下請化するものが増加し、出職人では請負業者や店持ちの親方職人層の支配をうける手間賃稼ぎの下請職人が増加するなど、商人または親方職人と手間取り職人とに職人階層が分裂するようになる。そうなると一般職人の内仲間とは別に職人親方層だけによる別の組織を作り、内仲間と対抗上幕府の公認を得て表仲間化しようとする。これを仮に組合的仲間と称しておきたい。この組合的仲間の要望は、①江戸以外の外部からの製品または職人の江戸進出を排除する、②江戸市中においては組合員の人数を制限し、組合員以外の同業者の稼業を排除する、③組合員の間における共存共栄を目指し、地域協定・値段協定・製造量協定などをおこない、組合員間の自由競争を排除する、④弟子筋や下請職人の手間賃をなるべく低く抑えて、しかも下請職人の確保をはかる、などが共通したものであろう。しかしこのような広域的な独占権を含む多様な要求は、幕府の権威に依存して取り締まりをしなければ実現できないので、無償で幕府の御用を勤めるため職人を動員する御用役や、製品を無償で奉納する冥加《みょうが》物、その代銀納である冥加銀の上納、などによって幕府の公認を得ようとするのである。

公儀政権としての幕府の立場は、物価の安定とくに飢饉や災害時における物品の供給と物価の抑制である。また武士階級の立場からの物価政策としては、一八世紀前半の享保期より顕在化する「米価安の諸色高《しょしき》」つまり一般物価は高騰するのに米価だけは安いという物価現象への対策である。この現象は米を基準とする石高制社会を崩壊させるだけでなく、年貢米を収入源とする武士階級の財政的破綻をもたらしたのである。幕府は豊作時における米価の下落を防止し、また一般物価を引き下げる政策をとるが必ずしも成功しない。それは米以外の商品需要の増大が基本的要因であるが、ようやく大きな力を持つようになった問屋・仲買などの商人（職人のうち親方職人層を含む）が米をはじめとして商品流通を握るようになったためであり、一八世紀後半には流通の独占をはかって相次いで株仲間を結成し、幕府も商品流通を掌握するため株仲間を公認している。

幕府が流通過程そのものを自ら掌握して、米価・物価政策を解決しようと意図した最初の動きは、天明打ちこわしの直後におこなわれた寛政改革であるとみている。棄捐《きえん》令によって江戸の米価を左右していた札差《ふださし》に致命的打撃を与え、札差に代わって御用達《ごようたし》商人による米価操作を試みた。また職人による製造工程にも着目して、古い内仲間的体質を解体して、幕府の物価政策に協力する体質に改善をはかったのもその一環であろう。しかしきびしい改革は長続きしないで、文化文政期になると幕府の財政難から再び流通過程を握る株仲間などとの癒着が強まっていった。幕府は御用金・冥加金・貨幣改鋳によって財政不足を補い、その代わり株仲間らの存在を公認しその独占を保証したのである。しかしこのような癒着構造は、武士階級の要望および下層農民や下層町人の期待を裏切るものであり、天保期になると飢饉の連続によって一揆・打ちこわしが激発することになった。天保改革の仲間解散令は、自由な競争による物価の引き下げを目指して、株仲間はもとより組合的仲間・内仲間を含めてあらゆる同業者の申し合わせ機構の解散を意図した強烈なものであった。しかし流通機構の混乱が続いたこともあって、幕府の意図した物価の引き下げは必ずしも成功にいたらず、一〇年後の嘉永の仲間再興令にいたった。これは仲間や組合への新規加入を認め（株による同業者制限の禁止）その代わり幕府への冥加金も不要とするなど、天保の仲間解散令の失敗によるものとは考えていない。自由な営業では何処《どこ》で誰がどのような活動をしているかもつかめず、物価政策の遂行にとって必要な統制や監視さえもできないので、同業者の存在を明らかにする組合的結合を認めたものである。すなわち同業者利益を追求する仲間ではなく、幕府の政策を忠実に実施する組合を認めたものである。しかし癒着構造の一部が復活したことも間違いなく、幕府も職人組合に対する許認可権を握ることによって行政意志にそわせるという代わりに、組合の要望する仲間的利益も幕府の保護の対象にするという妥協が成立したとみているのである。

今日的課題

このような同業者間の自由な競争を排除するための談合的体質、既存の同業者以外に対しては新規参入業者を排除しようとする独占的体質、これに対する行政側の保護育成策は近代国家が成立した以後も基本的には変化しなかったものとみている。

企業と行政をめぐる日本的体質

明治新政府は「殖産興業」というスローガンのもとに政府主導を公然と標榜《ひょうぼう》し、企業と行政の癒着関係は体質的に強化されたものと考えられる。このことは欧米列強による日本を植民地化する危機を未然に防ぎ、外国商品に対抗して日本企業の育成によって国内市場を確保する、という経済段階においてはそれなりの必然性があったものとみているのである。このことは日本企業の活動が国内市場の枠内にとどまっている段階においては、国際的にそれほど問題になったわけではないだろう。

今日的課題

今日においては、世界の国々から日本市場の閉鎖性が指摘されていることはいうまでもない。具体的には、①消費者保護よりも生産者保護を重視する政治姿勢、②業者間における談合的体質、③許認可権や行政指導によって新規参入が事実上困難な規制、④または手続き上の繁雑さ、などがあげられている。とくにこのような傾向は土木建築業界（ゼネコン）などに著しいようである。世界貿易上の日本市場の閉鎖性は、日本経済が幕末期以降の国内市場にとどまっている限りでは問題にならなかったものといえる。国内市場においてはある程度は当然とされ、それなりの歴史的背景をもったものとして黙認されてきた慣行も、世界市場では通用しないという事実を直視しなければならないであろう。歴史的慣行といっても簡単に成立したのではなく、それにいたるまでは行政側と同業者仲間とは何度も対立や妥協を繰り返したのであり、多様な選択肢の一つが慣行となったものであることを知ることが、開かれた市場論の検討にとって必要なものと考えているのである。

本書の課題

そうはいっても、江戸職人が自ら書き残した記録などはほとんど見出すことはできないし、職人気質などを直接知りうる史料は絶望的に近い。職人関係で残された史料はせいぜい仲間関係か幕府御用を請け負うような上級親方層関係ぐらいのものではなかろうか。それに江戸市中町触《まちぶれ》の中に職人関係のものが見出される。本書では職人内部の動きから職人の実態を見ていきたかったのであるが、史料的制約によって町触など幕府側からみた職人の動き、また職人統制などを中心とせざるをえなかったことが残念である。ただ二六〇年にわたる江戸時代を一つとしてとらえるようなことはしないで、年代順に歴史的展開の過程をたどるという歴史学的処理を加えることによって、江戸幕府の職人統制、ひいては都市政策、町人対策の推移を考えてみたいというものである。

なお、史料の引用にあたっては、読者の便を考え、可能な限り現代文に改めたが、一部原文通りに引用したところもあることをおことわりしておく。

近世前期の江戸職人

江戸市中の形成と江戸職人

職人の集中

徳川家康が江戸城の建設にあたって、領国である関東地域から広く職人や人夫を集めたであろうことは疑いない。具体的にどのようにして集めたかは明らかでないが、そのことを推測させるものに一六二四（寛永元）年日光東照宮造営の場合がある。そこでは京都・奈良をはじめとして全国から仏師や職人を集めているが、その場合は家族はその土地や主家に預けて本人だけが出てくるように命じ、江戸水戸藩邸前の空き地に建てられた作事《さくじ》小屋に八月までに参集し、そこで記帳するように命じている。天正・文禄の江戸城の建築や増築の場合は、三河《みかわ》から職人を引き連れてきたり、関八州から職人を強制的に集めたであろう。一六〇三（慶長八）年の江戸町割りでは、千石夫といわれて、全国から石高一〇〇〇石につき一人という割合で集められた人夫が使用されたとしている。

大名屋敷の場合も自分の知行地から職人などを集めている。たとえば一六〇二（慶長七）年四月、愛宕下藪小路にはじめて屋敷地を給された細川忠興《ただおき》は、普請大工を知行地の豊前から江戸へ呼び寄せている。一六〇四年秋田の佐竹義宣《よしのぶ》は神田屋敷を拝領したが「此の方屋敷の作事大工がまったく見つからないので、国元から一〇人ほどと作事奉行を至急によこしてくれ」という手紙を書いている（水江漣子『江戸市中形成史の研究』）。江戸初期においては江戸で大量の大工不足がおこり、地方大工が多く呼び集められたことは間違いなかろう。

香取神宮の造営

江戸で職人の絶対数が不足したことは事実であろうが、それとともに職人技術の点についても熟練した職人が少なかったといえる。

江戸時代初頭における職人技術の地域的格差を示すものとして、江戸から少し離れるが一六〇七（慶長一二）年に遷宮がおこなわれた下総香取神宮の造営普請をみておきたい。普請に参加した職人の出身地を地域別に示したのが表1である。全職人数は九六人であり、一応は九州から奥州にまで及んでいるが、その過半（五六％）を占めたのは上方《かみがた》地域から

表１　慶長12年，下総香取神宮建築職人の出身地別表

		大工	大鋸	檜皮師	絵師	錺師	計	
近畿	京	3		1	7	7	18	54（56%）
	大坂	3		3			6	
	伏見			5			5	
	堺	4					4	
	奈良	4					4	
	摂津			5			5	
	近江	3	3	4			10	
	伊勢	2					2	
中部	越前			1			1	8（8%）
	尾張			2			2	
	遠江			1			1	
	駿河		1				1	
	信濃		3				3	
関東	下総	5	2	1			8	30（31%）
	武蔵		1				1	
	常陸		2	1			3	
	上野	2	16				18	
その他	九州		3				3	4（4%）
	奥州	1					1	
計		27	31	24	7	7	96	

はるばる下ってきた職人たちである。次いで地元の関東一円および東海地方から集めているといえる。

建築職人の中心である大工を統率した御大工《おんだいく》は京都四条の亀岡杢兵衛《もくべえ》であり、棟梁は大坂三島の善助である。地元下総の大工は香取衆と称しているのでこの香取神宮に属している職人であり、人数も多いが上方大工の指揮下に入って働いていたといえる。大鋸《おが》職人では上州が断然多く地元の関東出身者が大半を占め、上方からは近江衆が三人だけである。しかし大鋸職人を指揮した大鋸大工および大鋸棟梁《とうりょう》はいずれも近江衆であり、やはり上方職人が仕事の内容を差配したことは明らかである。檜皮《ひわだ》師は上方出身者が過半を占め、檜皮大工は伏見衆新右衛門、棟梁は越前衆与一郎とあり、やはり上方職人の手によって工事がおこなわれている。またここで摂津としたのは摂津郡山宿の五人でありチームを作って働きにやってきたものと思われる。絵師・錺《かざり》師は全員京都の出身であり、このような高度の技術を要する職種は京都以外で求めようがなかったということである。またこの絵師・錺師はいずれも「上下七人」という記載であって七人が一チームを作っていたもので、他地域のものが入る余地はなかったものと思われる。しかし錺師の説明に「右の錺屋、武州江戸で金物支度仕《つかまつ》り、舟にて香取へとり、御社へ金物つけ申す也」とあり、材料である金物は江戸で調達していることが分かり、その程度の江戸の発展が示されている。

香取神宮のような大建築にあっては地元の職人ではとうてい間に合わず、大半を他所とくに上方という技術的先進地域から招いていることが知られる。これは神社建築という特殊な宮大工を必要としたということでもあろうが、大きな建築にとっては上方職人を中心にしたということが一般的な現象であったといって差し支えなかろう。すなわち関東・江戸のような当時において技術的後進地にあっては、大鋸職人のような比較的単純労働に近い職人は地元から供給できても、熟練を要する仕事では上方から職人を招き、地元の職人はその指導下に単純に近い作業を下請け的に担当したものであろう。絵師・錺師のような高度な技術者はすべて上方職人に任せていることがそのことを示している。このような職人技術の地域的格差の存在を前提にして、江戸の職人を考えなければならない。そのため江戸で間に合う職種は比較的単純な作業で高度な伝統的技術を要しないというものに限られてくるものと考えているのである。

関八州触頭

江戸の御用達《ごようたし》職人の由緒書《ゆいしょがき》によると、天正年中において関八州の支配権を得たと称するものが多い。もっとも由緒書は家伝の類であり、どこまで真実であったかは疑問とする場合が多いので注意を要する。

のちに「御作事方支配御扶持人鍛冶頭」の肩書をもつ高井土佐は、「天正年中に徳川家康公が江戸へ御入国した時に、私先祖が関八州鍛冶支配を命じられた」として関八州鍛冶頭と称している。

また御障子張触頭山田喜左衛門は、

天正一八年、徳川家康公が江戸へ入国した時に、（先祖の）山田正善がお供してきて、御表具・御屏風などの経師を用命され、（中略）関八州および江戸市中から経師職人共を集めて、御国役を勤めてきました。

と徳川家康の江戸入国以来、関八州の経師の触頭《ふれがしら》として、国役《くにやく》を勤める代わりにその支配権を得たとしている。

これらはいずれも関八州の職人支配権を得たと称しているが、もともとは支配というよりは文字通り触頭ということであったろう。徳川家康の江戸入国当時においては、江戸城の建設といってもほとんど地元の職人もいない状況であろうし、農工商も未分離で半農半工程度の職人が農村に散在していた状況とみられる。そこで領国である関東全域から広く職人を集める必要があり、責任者として三河から連れてきた御用職人を触頭に任じたものであろう。触頭は臨時国役として関八州から職人を集めると同時に、集めた職人を掌握して御用役を果たす任務をもったものであり、その内容が職人支配権と称するものなのである。そのためあくまでも国役勤務のため上から設定されたものであって、職人頭の名をもっていても、これには職人の代表という性格はまったくなかったのである。

職人の国役

このような必要に応じて関八州から職人を集めるという方式は、江戸市中形成のごく初期の時期に限るものと考えている。その後江戸城下町が発展することによって、江戸居住職人の国役によって間に合うようになるからである。そうなると、地方在住の職人からは役銭《やくせん》を徴集する方法に切り換えた職種もある。

鍛冶職においては、鍛冶頭高井土佐が毎年手代を関八州に廻して銀五匁ずつの国役銀を徴集していることを伝えている。また紺屋《こうや》の場合も、紺屋頭土屋五郎右衛門が武蔵・相模・伊豆・上野・下野・安房・上総・下総・常陸の九ヵ国から紺屋藍瓶《あいがめ》役というものを徴集していた。初めは藍瓶一つにつき米一斗ずつを集めていたが、一六六八（寛文八）年から二〇〇文の銭納になったとしており、やはり手代が集金して廻っている。これらは役銭徴集としているが、実は職人頭の特権になったものと思われる。

しかし多くの職種においては関八州から役銭を集めることをしていない。その事情について桶樽《おけたる》職人の場合は次のように述べている。

桶樽職人共の国役（江戸城御用）については、古来は関八州の桶樽職人と江戸の桶樽職人が一緒になって出役し勤めていた。ところが江戸市中以外から江戸へ持ち込まれる桶類が多数に上り、江戸職人の稼ぎに大きな支障となってきた。そこで関八州の職人が勤める国役を江戸職人が肩代わりするから、地方から江戸への桶類売り出しと地方職人の江戸出稼ぎを禁止してほしいと願い出て許可された。以後は江戸の職人が国役を全て負担するようになったのである。

としている。関八州の国役を江戸職人が引き受ける代わりに桶類の江戸売り出しを禁止したとしているが、はたして国役の代償として独占権が成立したのかどうかは分からない。しかしここでは江戸桶樽職人が、①江戸城国役のすべてを負担していること、②江戸市中の桶類の製造・販売を独占し、③市外からの江戸売り出しと江戸出稼ぎを排除する特権を得ていたことが示されている。江戸在住の職人が増加することによって、江戸城への桶供給という国役負担の職人数が確保できるようになると、関東全域から集める必要もなくなり、その代わり江戸市中への販売を独占することで生活の安定をはかろうというものであろう。桶職人の場合では国役を負担したのは桶町居住の者であり、国役大工の場合では大工町居住の職人が果たしていた。このような国役負担の職人町が江戸市中にも数多く成立していったのである。

職人町の形成

江戸の地図を見ると、神田を中心として日本橋・京橋地域には、大工町・鍛冶町《かじちょう》・木挽町《こびきちょう》・大鋸町《おがちょう》・畳町など職人名を冠した町名を多く見出す。これらの職人町は、初期にその職種の職人が多く居住していたということではなく、その職種の国役を負担した国役町として町名がついたものなのである。江戸の町方は急速に発展して、寛永期ころまでに開かれた町は古町と称されて種々の特権が与えられていた。この古町の中でとくに目立つのは商工業の名をとった町が多いことである。これは幕府の政策として城下の一ヵ所に商工業者を集めたことによるものであろう。このような業者が国役として職人を幕府に差し出したものである。ここで注意すべきは、このような業者は国役請負業者であって、職人そのものが居住したものとは限らないということである。もちろん手近に職人を置いたほうが便利なことから、町内に居住させることも多かったのであるが、市中からも広く集めて国役を勤めたのである。このような国役を負担する町数は、江戸初期において約六〇町あったとされている。

このような商工業者へどのような経過によって町が与えられたかを具体的に追うことで、職人町の成立事情を考えてみたい（三浦俊明「江戸城下町の成立過程」『日本歴史』一七二号)。江戸の町名主はいくつかの町を兼帯することが多く、後世には二百数十人を数えている。そのうち徳川入国当時より由緒あるもので、しかも町建設に功績のあった名主は草《くさ》分名主《わけなぬし》と呼ばれ、名主の中でも格が高く特別の扱いをうけていた。このような町名主および御用達町人の由緒書をもとにして、国役請負業者・国役の内容・拝領屋敷町名との関係のいくつかを示すと表2のようになる。

この表によると、領主徳川氏の江戸入り以後、天正期、一部は慶長期、ここでは示さなかったが寛永期ころまでに御用を請け負っている。その内容は染物・鉄砲・鍛冶・研《と》ぎ・

表2　国役町の成立

国役請負者	任命役職	国役内容	請負年	屋敷拝領年	同上町名
土屋五郎右衛門	関八州紺屋頭	御染物国役	天正二〇年ころ	慶長一一年か	紺屋町
胝　惣八郎	鉄砲指図・名主	御鉄砲御用	天正一八年	慶長年中	鉄砲町
高井五郎兵衛	関八州鍛冶頭	御鍛冶御用	天正一八年	慶長一一年	鍛冶町
佐柄木弥太郎	関八州研屋触頭	国役研	天正一八年か		佐柄木町
石屋善左衛門	関八州石匠棟梁	石匠御用	天正一八年	慶長年中	小田原町
細井藤十郎	桶大工頭	桶細工御用	天正一八年	慶長一〇年ころ	桶町
伊阿弥家長		御畳御用	慶長五年以後	慶長五年以後	元飯田町か

石匠《いしく》・桶など天正期のものは直接軍役に関係すると想定されるものから、慶長期の畳など江戸城関係のものなどが含まれている。そしてこれらの国役請負業者は、その後、慶長期から寛永期にわたって町屋敷地を拝領しているのである。

町屋敷の規模は「六ヵ町」とか「方一町」とかいう表現であり、居屋敷分だけでなく一定の広さをもった面積になっている。すなわち一町に相当するほどの広さであり、その後紺屋町などの町名が付され、国役請負人は拝領町の町名主に任命されるのが普通であった。古町の名主たちの多くは国役請負人であり、これが後に草分名主と呼ばれることになったといえるようである。このような経過によって職人町が成立したと考えられるが、町屋敷拝領過程について具体例によりみておきたい。

朊氏と鉄砲町

「御用達町人由緒書」によると、朊《あかがり》氏は徳川家康に従って江戸へ入府して御目見得をし、関ヶ原の戦い・大坂の陣などたびたびの合戦に諸方から鉄砲を調達し、検査を加えた上で徳川氏へ納入して御褒美を得たとしている。その後江戸町の建設が進行していったときに呼び出されて「住処」を拝領し、それが江戸町の一端に加えられて鉄砲町と呼称されることになった。朊氏は鉄砲町の成立期から名主役に任命されて、いわゆる草分名主になったのである。

ここで注目しておきたいのは、胝氏が町屋敷地を拝領していることと、拝領の根拠が徳川氏に対して鉄砲御用を請け負っていたということである。すなわち胝氏は国役を請け負うことの代償として町屋敷が与えられて、それが町の成立になったのである。

高井氏と鍛冶町

高井五郎兵衛は、一六〇六（慶長一一）年ころに五郎兵衛町（後の鍛冶町）を拝領しその町割りを命令されている。同時に高井一族に対し南鍛冶町・神田鍛冶町・桜田鍛冶町の町割りが命じられたと推定される。そのことは寛政四年「国役公役書上」の中で、神田鍛冶町一丁目・二丁目、南鍛冶町一丁目・二丁目、桜田鍛冶町の五ヵ町がいずれも鍛冶方棟梁高井五郎兵衛方へ御国役金を納入していることに示されている。

桜田鍛冶町の町名の由来について、当町ははじめ徳川氏が「御鍛冶所の役地」として設定したところに、多数の鍛冶職人が居住したので鍛冶町と称するようになり、当町居住の鍛冶職人たちは鋲鍛冶御用二十人役を負担していた。一六六七（寛文七）年より代銀納となり鍛冶頭高井氏へ納入したとしている。このことから鍛冶頭高井氏は領主徳川氏に対して鍛冶役を請け負っていたことが知られる。

また江戸初期において徳川氏は鍛冶国役を負担すべき町屋敷地を設定し、国役を請け負うものへこれを与えたと考えられる。高井氏の場合では一定の鍛冶御用を請け負うことの代償として五郎兵衛町などを拝領し、それぞれの拝領屋敷地に相当する鍛冶国役を請け負ったのであろう。桜田鍛冶町の場合は鉄鍛冶役二〇人分を請け負っていたのである。

伊阿弥家と畳御用

伊阿弥家の由緒書によると、この家は織田信長や豊臣秀吉の畳御用も請け負ったとしているので、多数の畳職人を擁した有力な畳請負人の家柄であったと思われる。伊阿弥家長は徳川氏の三河時代から畳御用に携わったとしており、関ヶ原以後に京都の畳刺三〇人を召し連れて江戸へ招かれ町屋敷地を拝領している。畳御用を請け負うことを条件として町屋敷が継承されたのであろう。このように江戸に町屋敷を得た伊阿弥家は京都の本家とともに江戸城・二条城・大坂城、さらに日光・駿府の畳御用を務めているのである。

ここでは職業名町の成立について三事例をあげたが、これらの事例と多少の相違点があったとしても、領主への国役御用を務める代わりに町屋敷地を与えられ、それが町の成立になったというケースは相当多かったものとみて間違いなかろう。

拝領地への職人集住

町屋敷地を拝領した国役請負人は、課せられた国役を消化するためにも実際に国役をつとめる職人を集める必要があり、拝領地をさらに細かく分割して職人を居住させることも多かったようである。

たとえば紺屋町を拝領した土屋五郎右衛門の場合は「支配の紺屋共に割りとらせ申し候」と細分割しており、その結果、北紺屋町・南紺屋町・西紺屋町・神田紺屋町三町（一・二・三丁目）の合計六町が成立し、そこに居住している紺屋職人に御染物国役を命じたとしている。このように土屋氏は拝領町屋敷地を細分割して、職人に土地所有権を認める代わりに国役負担を要求したのである。

関八州石匠《いしく》棟梁石屋善左衛門の場合は、のちの小田原町を拝領屋敷地としているが、そこには「関西諸国の石匠をここに置いて御用を奉る」としている。御畳御用の伊阿弥家長の場合は、先述のように「京中畳刺三十人」を住まわせている。もちろん一定の国役を遂行すれば、それ以外は各自の営業は自由に認められたのであり、町地も無償で所持できるという仕組みであった。ただし草分名主となった国役請負人との間には従属的関係をもったと推定される。もともと国役請負人は自己に対して従属的立場にあった者を、拝領屋敷地に誘致して住まわせることが多かったであろう。しかし従属性をもったとしても、職人にも町地の所有者（地主）として家持人になりうる資格を与えたのであった。

職人頭の系譜

幕府御用を請け負った職人頭はどのような人物であったろうか。「由緒書」ではほとんど「三河以来」とか「権現《ごんげん》様（徳川家康）御入国の節お供つかまつり」という徳川家との初期からの強い結びつきを強調しており、また関ヶ原の戦いや大坂の陣での軍功をあげているのが目につくのである。

たとえば御大工頭の木原氏の由緒書では「権現様はいつも木原々々と呼んでおり、……常に戦場へお供して御陣小屋その他の普請工事をつとめていた」と徳川家康との個人的な親近関係を述べている。木原家は遠州山名郡の出身とされ、家康が浜松城を築いたとき普請方惣奉行をつとめたと伝えている。大工頭はその支配下に大工棟梁や大鋸・鍛冶・左官などの棟梁を持ち、普請全体に責任を持つものである。木原氏が建築技術者としてどれほど優れていたかは不明であるが、むしろ支配下職人の動員力と統率力にすぐれ、また徳川氏との強い個人的関係をもっていたことが要因であったといえるであろう　京都御大工頭として有名な中井氏も、その出身地は必ずしも明らかでない（法隆寺大工とされている）という無名に近い存在であったが、徳川家康に仕え関ヶ原の軍功によって畿内近江六ヵ国の大工支配権を得たとしている。

もっとも由緒書なるものがどの程度信用できるのかは疑問とされよう。事実でないとしても、少なくとも職人頭が徳川氏との個人的結びつき、強い主従関係、軍功などを強調しようとした意図は間違いない。すなわちそれらの関係こそが職人頭の地位を得るうえで重要な条件であったと考えたのであろう。そして由緒書には中世以来の技術的伝統の継承者であるとか、優秀な技術保持者であることなどはほとんど書かれてなく、いずれも徳川氏との結びつきから記述を始めている。その点からは、中世以来の系譜をもつ職人層（座の構成員など）ではなく、徳川氏に近い新興の職人や商人を意図的に起用したのでなかろうか。技術的な優劣よりも、軍役請負人として職人の動員力や統率力、なによりも徳川家への忠誠心を重視したものであったと考えられる。そこからは中世領主や寺社などにつながる座的技術者を排除し、新興領主である幕府や大名にとって意のままに動かせる請負人によって、領主による商工業掌握を実現しようとしたのであろう。

江戸町の発展と職人の市中分散

国役町の解体

商工業者が集団居住した国役《くにやく》請負人の拝領町地は、比較的早くから実質的に解体していったとみている。

諸国道中伝馬《てんま》役という国役請負人の高野新右衛門は、拝領地として南伝馬町を得ていた。高野家は居住屋敷地として二八〇坪を代々所持していたが、それ以外の町地は宝田村で道中伝馬の御用をつとめていた者が移住してきて、道中伝馬役をつとめていた。一六三七（寛永一四）年の島原の乱に特別の人馬御用をつとめた功績により、翌年に間口七六一間の町屋敷地が与えられ赤坂伝馬町が成立する。これは南伝馬町の家持人たちが「御伝馬役三人並」を負担するという条件で下屋敷として所持したものである。その後維持が困難となり希望者へ譲渡することになり、その際は五間口の屋敷につき一ヵ月御伝馬二匹分宛《あて》を南伝馬町へ助役するという条件付きの売買であった。一六五二（承応元）年以後は国役負担分が御伝馬二匹からさらに一匹に減免されている。このように国役町はもともと国役負担をともなうため無償で下付されたものであるが、寛永期ころより明暦《めいれき》期前後には徐々に売買の対象地になってきたものといえる。その際には買得者に国役負担義務が移るが、負担量はだんだん減少したものとみている。

職人の国役町も、集団居住は意外に早く変質・解体したものとみている。その理由には町方の発展にともなう市中需要の増加が考えられる。すなわち領主徳川氏は、軍事または武士層の需要をまかなうため、専業の手工業者・問屋商人・伝馬役負担者らを江戸城下に集中し、町屋敷地を下付する特権を与えた。しかしその後天下泰平が永続化し都市生活が発展することで、江戸城をはじめとする軍事的需要は減退するのに対し、市中居住の武士層の消費生活は華やかとなる。この膨張する武士生活を支えるためには町人の増加を必要とし、職人や商人も地方から江戸へ転入するものが続出するようになった。かれらは市中に居を移し、国役町にも居住するようになる。一方において国役町の職人にとっては、幕府への国役労働だけで生活が維持できるわけでなく、市中の一般的需要に応えて稼ぐことに重点を置くようになる。そのため国役職人町から移住して、市中に居住するほうがよいという条件が生まれてきたのである。国役町での集団居住よりは分散して各町に居住するほうがより多くの顧客を得て生活が安定するのである。さらに表通りに面した屋敷地を必要としない出職人《でしょくにん》の場合は、家持町人としての満足感を捨てて屋敷地を売却し、より安価な土地を購入するとか、借家人として生活するほうが楽であったと推定している。

このような国役町の変質は、一七世紀中ごろには一般的な現象になっていたとみている。職人の国役町にも、商人をはじめいろいろな職業の人々が居住するようになって、表通りに面した町々の住民構成は大きく変貌していったと考えてよいであろう。

明暦の大火と職人

職人町の解体を決定的に促したのは一六五七（明暦三）年一月の明暦の大火（振《ふ》り袖《そで》火事）であった。江戸城本丸をはじめ日本橋・京橋・新橋一帯も焼失し、被災町数五〇〇余・死者一〇万人を超えたという江戸最大の大火とされている。

職人に対する町触《まちぶ》れの初見は、大火後の手間賃に関するものであった。「火事後手間賃が値上がりしているので、今後は高賃金を取らないようにせよ。もし値上がりが続くなら公儀より手間賃の公定をおこなう」という内容である。これをまず幕府評定所《ひょうじょうしょ》で職人に申し渡し、そして「本日評定所へ出頭しない職人の分については、町年寄から触れ渡すようにせよ」と申し添えている。これをうけて町触れが出されているもので「家持《いえもち》の儀は申すに及ばず、借屋《しゃくや》・店借《たなか》りの者共まできっと申し渡す」としている。

すなわちこれまでは職人への申し渡しは、評定所で職人頭へ伝達すれば行き渡っていたはずであり、町触れなどを利用する必要はなかったといえる。それがこのたびは職人の申し渡しに出頭しない職人（というよりも連絡のつかない職人であろう）が多いので、町触れを利用して徹底させる必要が生じたということである。大火によって職人集住形態がくずれ市中に散在したということとともに、大火後の需要を見込んで外から江戸への入り込み職人が多数にのぼったとみている。同年の町触れに、こうある。

町中の桶職どもは、桶町名主藤十郎（桶大工頭細井藤十郎）から申し渡しがあれば、従来通り公儀御用を勤めるようにせよ。このたび他所から来た桶屋共があればよく申し聞かせること。分からないことは従来からの桶屋に相談して御用を勤めるようにせよ。

桶町名主は国役請負人でもあったから、職人の市中散在と入り込み職人の増加によって職人の掌握が困難となり、請負達成に苦慮するようになったことが示されている。

大火後の手間賃値上げを抑制する先述の町触れは効果がなかったとみられ、予告通り同年八月にお定め手間賃が公布されている。

一　上大工　　壱人ニ付き　銀三匁　飯米共
一　上木挽《こびき》　　壱人ニ付き　銀弐《に》匁　同断
一　上やねふき　壱人ニ付き　銀三匁　同断
一　上壁ぬり　壱人ニ付き　銀三匁　同断
一　上石切り　壱人ニ付き　銀三匁　同断
一　上畳さし　壱人ニ付き　銀三匁　同断

右、上職人は値段定めの通りたるべく候、それより下の職人は相対《あいたい》たるべく候、

これは建築関係の職人であり、大火後の建築ブームに乗じた手間賃値上げを抑制するものである。単純労働的要素の強い木挽の手間賃は安く、また同一職種でも上・中・下に分けるなど、技術的格差をつけて労賃を定めている。「相対《あいたい》」というのは当事者同士で直接相談して決めるということで、このお定めは上限を決めたものである。この賃銀格差は技術だけで評価されたのではなく、親方・職人・弟子という階層によっても格差のあったことが明らかである。

手間賃の公定が守られず、公定の趣旨も十分に浸透したかどうかも不明であった。町奉行所側はその原因を職人の内仲間にあり、手間賃銀を勝手に協定しているとみて、公定の出された翌月の九月には次の町触れを出している。

大工・木挽・屋根ふき・石切・左官・畳屋、このほか諸職人が会所を定め、仲間一同が寄合を致し、手間料を高値に申し合わせをしている。このような事がないように申し付ける。

職人の内仲間

ここで注目されるのは、職人らが職種別に「会所」をもち、その会所で仲間一同が寄り合いをして、手間賃の協定などをしているということである。会所をもつような組織的な同職仲間の存在が示されていることである。

これは職人たちが自主的につくりだした内仲間であり、かれらの談合によって賃銀の値上げ協定がなされ、物価全体に影響を与えているという奉行所の認識が示されている。ただし会所までもつ組織的な内仲間であることを知りながら、内仲間そのものを否定するのではなく、手間賃の申し合わせという行為を禁じているのであり、これは同職仲間の存在を黙認していたとしてよいであろう。

一六六四（寛文四）年六月には屋根屋に対する町触れが出されているが、これも仲間の存在を示している。

町中の屋根屋ども、大風が吹いたりして屋根ふきが必要な際に、手間賃高値を申し合わせている。今後は申し合わせによる高賃銀を取ったならば処罰する。

付けたり、屋根ふきを請け負って、途中までで止めて他の屋根へとりかかり、その際他の屋根ふきが残りの部分に手をつけることを禁止する申し合わせをしているという。もし今後このようなことがあれば、葺かけ屋根屋に入牢を申し付ける。

同職業者の職域（得意場）を犯さないという、強い統制が成立していたことが分かる。この場合も同職仲間の存在を否定するのではなく、不当な申し合わせや手間賃協定を禁止したものである。

同様なことは、やや時期は下がるが一七一〇（宝永七）年の町触れがよく示している。

一　御当地（江戸）の町々屋根屋共、出入りの屋敷や町人の屋根ふきを命じられた時に、まだ仕事にとりかかる前か半分ほど葺きかけているときに、何かの事情でその屋根屋への注文を取りやめた場合、または屋根屋の方で半分ほど葺きかけたままで仕事を続けなくなった場合、他の屋根屋に申し付けると、（屋根屋仲間が介入して、あとからの仕事を）妨害することがおこる。あとから雇われて仕事を引き受けた職人は「土手組」と呼ばれて、仲間外れにされるのは不届きである。今後このようなことがあれば、本人はもちろん、申し合わせ仲間、家主五人組まで落ち度とする。

一　現在まで「土手組」とされたものは屋根屋仲間に入れるようにせよ。反対するものがいたら、「土手組」からさっそく届け出るようにせよ。

職人仲間では、互いの出入り先である得意場を守ることを重要な目的としている。自由な競争を排除して生活の安定をはかったのである。そのため雇い主側の意向であっても、同職の得意場を侵害した場合には「土手組」として仲間からはずすという制裁を加えていたのである。しかもこの制裁は、職止めに近い効力をもったらしいほどの、強い仲間結合があったことを窺わせている。町触れではそのような仲間結合がいけないとはしていない。むしろ仲間から外すという妨害行為を禁じ、仲間に入れるように命じているのである。

職人の講

江戸市中に分散居住するようになった職人の実態は必ずしも明らかではない。しかし地域的に近い同業者が連絡しあって、互いの権益を荒らさないという協定を結び、事実上の仲間結合をおこなっていたのは前述のとおりである。ただ仲間の範囲は一つの町を単位とするような整然としたものではないようである。幾つかの町を含んでいたり、同じ町でも二つの仲間が入り組んでいたりという状況のようである。

仲間結合の形式は講組織であったと考えている。太子講というのが多いが、えびす講・富士講・御嶽《おんたけ》講などもあったようである。信仰的な親睦団体の様式であるが、実態は同業仲間としての利益団体であったといえる。

一七四七（延享四）年とみられる谷中《やなか》法住寺の建立にあたって「頼みも勧めもしないのに、多くの寄進が集まった」として、そのうち建築関係は次のようであった。

一　瓦家根惣漆喰《しっくい》手間　天神前左官中
一　掘貫《ほりぬき》井戸手伝　谷中駒込本郷鳶仲間中
一　壁下地（木舞《こまい》手伝共）　神田白壁町
一　惣屋根手間手伝　神田白銀《しろがね》町屋根屋講中
一　惣畳手間　和泉町仲間中
一　惣屋根瓦漆喰手間手伝　湯島天神前左官講中
一　家根板入用次第　家屋根講中

寺院建立に自発的に寄進（この場合は建築普請の手伝いであろう）をしている職人集団が内仲間にあたろう。町という狭い地域を単位としているものもあるが、谷中・駒込・本郷という広い範囲をカバーしているものもある。町を単位とするのは職人国役町の系譜を引くものであり、広いのは市中散在の職人の場合であろう。さらに講中という結合単位が目を引くのである。このような講仲間は、初め地域を単位に結成されたものと思われるが、職人の移動によって基本的には地域性を維持しつつも、入り組みの状況がみられるようになったものとみている。

職人国役の代役銭化

桶町は二町からなっているが、その国役職人数は一年間に千人（延べ人数）出役《でやく》とされている。市中への分散居住の進展と新規の入り込み職人の増加によって、桶町名主（桶大工頭）細井藤十郎方へ登録させて出役させるということが困難になってきた。これは登録が国役に結びつくので、職人自身の忌避傾向が強かったということも原因であろう。桶大工頭による職人の直接掌握が困難になったため、内仲間をつくらせて代役銭の徴収ということになったようである。

天和度から二七組を相定め、職人共より代役銭として一ヵ月一人につき表店《おもてだな》住居のもの銭一〇〇文、裏店《うらだな》住居のもの四八文、一人前の弟子は二四文ずつ、桶大工頭へ取り立て、その役銭によって職人共を雇い入れて桶方御用を勤めることにした。

このようにして、天和年中（一六八一～八四）に急に二七組が出現している。これは最寄り地域ごとにつくられた職人の内仲間であろう。すなわち実質的な仲間組織をとらえない限り、職人掌握は困難になってきた実情に対応したものである。その際に職人たちのかねてからの要望であった代役銭《だいやくせん》（直役の代わりに銭を上納）の上納ということを取り入れたのであろう。職人らは直役《じきやく》という一年間に何日という直接の労働奉仕を嫌がり、代役銭を納めることにする。職頭はその代役銭を手間賃銭にあてて職人を雇い上げ、国役御用の職人を確保する方式になったのである。

さらには表店住居・裏店住居・一人前の弟子というように役銭高に差をつけているが、本来は職人一人当たり年間何日という人頭割で直役を課したはずである。町方需要に応じて市中散在形態になったため、表店（注文生産と店先販売を兼ねる親方職人層）と裏店（手間取り職人層）では稼ぎが違ってきたはずであり、また抱えている弟子の人数によっても違ってくるのである。そのような所得格差にも配慮して代役銭高が決められたのであった。桶大工頭と仲間の協議によって、組頭が組内の代役銭を集めて桶町名主（桶大工頭）に納め、その代わりに仲間の存在を承認したのであろう。ここで注意しておきたいのは、これは職人頭が役銭徴収の便宜上において内仲間の存在を認めたということであって、江戸の町奉行所が制度的に公認したというわけではない。というよりも幕府としては職人への関心が、この段階では御用勤めが円滑におこなわれるかどうかということにあったのである。

御用勤めさえ確保できれば、仲間の存在も黙認したのである。

桶職人の同業仲間

桶仲間の二七組は初め組頭の名を冠して組名としていたので、江戸市中をどのように区分していたかは明らかでない。その後一七九四（寛政六）年に最寄り町名を組名にするように改めている。その組名は、桶町組・神田組・中神田組・外神田組・麴町組・深川組・元町組・北本所組・竪川組・中竪川組・新橋組・品川組・芝口組・浅草組・本郷組・下谷組・麻布組・小石川巣鴨組・麴町巣鴨組・飯田町組・千駄ヶ谷組・谷中駒込組・青山白金組などであった。町名は必ずしも整然とはしていない。行政的な町単位に組ができたわけではないので、片寄りができたと思われる。初めは組頭名で呼んでいたように、地域の有力職人を中心に仲間がつくられたのであろう。いくつかの町を合わせる場合もあり、一つの町を分割することもあったとみられる。このような自然発生的な地縁的同業組織を内仲間と考えているのである。

このような内仲間は職人の市中散在がおこなわれた当初から存在したのであろう。むしろ同業者が何人か集まれば、自己の生活を守るためには互いの顧客や得意場は尊重するということや、手間賃を安くしないなどの協定がなされたことが想定される。同業者の親睦《しんぼく》をはかったり結束を強めるために講組織ができ、それが同職仲間に発展したものと考えてよいであろう。

近世前期における、これまで述べてきた職人の存在形態の変化のもつ歴史的意義について考えておきたい。

職人の自立

中世までの職人は寺社や荘園領主などに抱えられていたか、または座を構成して本所《ほんじょ》である寺社などに従属していた。一般の職人はさらに座の構成員である親方棟梁の下に抱えられて従属していた。つまり二重の従属関係のもとに拘束されていたわけである。戦国大名や織豊《しょくほう》政権による楽座令《らくざ》によって座は解体され、座の本所による商工業の掌握は否定されるが、これで一般の職人が自立しえたわけではない。棟梁などの親方や請負人のもとに従属する関係は残されていた。

江戸の城下町建設にあたっても、多数の職人を動員しうる棟梁を国役請負人に任命し、拝領地を下付し国役町が成立している。国役請負人は拝領地の一部を配下の職人に分与することで国役を負担させていたのである。つまり国役町の請負人（町名主になることが多い）と国役職人の間には従属関係があった。というよりも従属的関係にある職人を集めて居住させることで国役町が成立したのである。このようなタテの関係を利用することで職人を動員し御用を果たしていたのである。

ところが国役町の集団居住がくずれ、市中散在居住に移るようになると、国役請負人である職人頭の拘束力が薄れ、職人が自立の方向に進み出したといえよう。また職人の生活を支える国役以外の仕事も、集団居住の場合は請負人または親方棟梁から仕事を回してもらうなど世話をしてもらっていた段階から、市中散在居住になると自ら顧客を開拓し得意《とくい》場《ば》を確保するように変化する。職頭や棟梁の世話にならないで自らの生活基盤を確立しえたならば、国役従事という無償奉仕は余計な重い負担とならざるをえない。代役銭という金銭で義務を果たせるならばそれにこしたことはない。金銭負担に代えることで人的従属関係はさらに薄れ、職人の自立をさらに進めることになる。それも国役銭高が一人いくらという人頭割りでなく、表店・裏店・弟子という階層に応じて負担高を変える所得割のような要素を加えるのは、さらに人的な従属関係を薄れさせ自立を進めるものといえよう。

タテの人的従属関係に代わって、自己の生活基盤を確保するため地域別のヨコの地縁的結合である同業者の仲間組織をつくるようになる。全員の寄合いで申し合わせ協定を結ぶということに、自立したものによる対等の組織ということが示されている。しかしそれも、初めのうちは組頭の名前を組名にするという、地域の有力職人が仲間を統率しリーダーシップを握る状況があったのであろう。仲間の名称が個人名から町名など地域名に変化することによって、職人の自立はほぼ完成していったとみられるのである。すなわち近世前期の職人存在形態は、職人の自立過程を示すものであったとすることができよう。

近世中期の江戸職人

元禄期における幕府御用職人

職方肝煎の設定

一六九九（元禄一二）年正月、江戸の諸職人に対して肝煎が定められた。次のとおりである。

一 大工方　鶴飛驒　村松石見　柏木周防　小林若狭　溝口筑後　甲良豊前　大谷平太夫　平内大隅　依田壱岐　柏木土佐　辻内茂兵衛

一 木挽《こびき》方　石山嘉左衛門　桜井新兵衛　桜井六兵衛　田所作左衛門　佐野喜左衛門

一 塗師《ぬし》方　幸阿弥与兵衛　円阿弥又五郎

一 錺《かざり》方　鉢阿弥源七　松井弥七郎　鉢阿弥吉左衛門　丹阿弥源次郎

一　鍛冶方　高井助左衛門　高井弥惣右衛門
一　畳　方　伊阿弥新之丞　早川助左衛門　中村弥太夫　渡辺与惣右衛門
一　屋根方　鈴木市兵衛　檜皮《ひわだ》屋長四郎
一　壁　方　安間源太夫　谷太郎兵衛　清水弥次右衛門
一　桶　方　細井藤十郎　野々山孫助　鈴木長四郎
一　瓦　方　寺島壱岐　斎木与四郎　橋本五兵衛
一　石切方　亀岡久三郎　前田文四郎
一　張付方　山田喜兵衛

右の者共を、今後はその職ごとの肝煎に決めたので、町中の家持はもとより、借家・店借・地借の職人共、弟子・手間取の者共まで申し聞かせ、家業の事についての指図をきっと守り、少しも違反しないようにせよ。この旨を町ごとに職人共へ申し渡すようにせよ。

ここでは、職種ごとに何人かの「肝煎」を設定して、その職種に関する指図を市中の職人がきっと守るようにということを述べている。これだけでは分かりにくいので、この触書が何を目指していたかを検討しておきたい。

この触書に出てくる職種は大工方をはじめとして一二種類しかあげていない。そのほとんどが建築関係に属するものといえる。もちろん江戸に存在する職人の職種はほとんどあらゆる分野にわたっている。一六九〇（元禄三）年の『江戸惣鹿子《そうかのこ》名所大全』の諸職名匠諸商人の項目には、鉄砲師・弓矢師・刀鍛冶・さや師・とぎ屋……など多数の職種をあげている。そこでこの場合には単に建築関係の職人が多かったというのではなく、桶方や鍛冶方などが入っていることからも、江戸城への出役職人を多数出している職種であるとみている。もとより江戸城大奥などではその他のいろいろな需要があったはずであるが、江戸城で必要とする高級な織物とか調度品などはその技術は上方が独占していたのであり、上級品ほど御用商人を通して調達すればよいのである。また御用職人というものも多数の職種を数えるのであるが、多くの場合はそれほど多数の出役を必要としないで、いわゆる「お抱え職人」で充足するのであった。だからこのたび設定された一二種類の職種は、市中居住の職人による出役を必要とするものであったとみてよいであろう。そのため市中の職人から弟子・手間取にいたるまでを対象とした町触れを流したのであろう。

江戸城出役職人

職方肝煎の役割

職人肝煎に任命された人物の中には、これまで触れてきた人名がいくつか見られる。鍛冶方の高井、畳方の伊阿弥、桶方の細井、張付方の山田などであり、いずれも国役請負人として拝領屋敷を下付された者たちである。その他の者もいずれも御用職人に属するものである。たとえば大工方の一一名の肝煎のうち、鶴飛驒・甲良豊前・平内大隅・辻内茂兵衛の四人は、大工頭木内内匠・鈴木長兵衛の下にいる作事方に属する「大棟梁」である。溝口筑後・柏木土佐・小林若狭・村松石見・依田壱岐・柏木周防・大谷平太夫は、元禄一四年現在において小普請《こぶしん》方に属する「大工棟梁」になっている。このような幕府の御用職人層を各職種にわたって職方肝煎にしていることは明らかである。

この肝煎は「家職の儀につき差図きっと相守り」という町方居住の一般職人に対する支配権を、制度的に確認したことを意味しているといえよう。すなわち江戸町方の発展、または一六五七(明暦三)年・一六八二(天和二)年の大火をはじめ相次ぐ火災、直接には前年の「勅額火事」といわれる大火があるなど、職人町の構成がほとんどくずれ、また他地域からの入り込み職人の増加などによって職人の市中散在居住が決定的になった。そのため職人の掌握が困難になって国役(直役または代役銭上納)の確保もむずかしくなったことに対する制度的な対応とみている。前記『江戸惣鹿子名所大全』でも同業職人の多く住む町名を職種ごとにあげているが、「此外、方々にこれ有りといえども、此所に多く有るなり」という説明を加えて市中散在を伝えているのである。

桶職人が国役職人を確保するために何度か町触れを出し、結局は内仲間を認めてそれを通して役銭徴収および出役職人の確保をはかったことを述べたが、その場合でも「桶町名主」という肩書ではややもすると内仲間の組頭と同列にみなされる恐れもあり、権威を高める必要があったとみている。ここでは「幕府賄《まかない》方御用桶方肝煎細井藤十郎」とすることによって権威づけをおこない、やがて宝永年中（一七〇四～一一）には桶町名主をやめ、二〇俵の扶持をもらって桶大工頭となっている。前記の職方肝煎がすべて苗字を名乗っていたように、扶持を得るなど武士身分を与えられているのであり、幕府支配機構の末端に組み込み、職人の上に立たせて国役体制を再構築しようとしたとみている。

幕府職制の整備

職方肝煎の設定は、幕府職制の整備とも対応するものであった。すなわち寛永から元禄年間にかけて、作事《さくじ》方・細工方・賄方・小普請方などの御用職人を必要とする職制が相次いで成立している。たとえばそれまで普請奉行の支配下にあって土木工事と建築工事とが分化していなかったものが、一六三二（寛永九）年に普請奉行から作事奉行が分かれて建築工事を担当することになり、さらに貞享年間（一六八四～八七）には作事奉行の職務の一部を分担する小普請奉行が設定されている。これにより幕府の土木建築工事は、普請方・作事方・小普請方の三役所が担当することになった。そのうち普請方は主に土木工事を受け持ち、建築工事は作事方と小普請方（小破損の修築）が分担することになった。その結果、作事方では作事奉行―御大工頭―大棟梁―大工棟梁という作事機構が整備されることになった。大棟梁も大工棟梁もこのような役所機構の一端を担うものになっているのである。

このような作事機構の整備ということは、工事の内容が築陣・築城を中心とする軍事的目的から、寺社の建築など非軍事的な目的に移行していったことに対応するものであった。一般に江戸幕府機構そのものが軍事上の編成から、平時における行政を主とする官僚的機構に整備されていったものであり、御用職人もその官僚的職制の末端に組み込まれたものであった。そのため職方肝煎の性格も、本来の専門的技術者というものから、幕府職制につながって幕府御用を果たすという官僚的性格を強めることになったのである。

職方肝煎の効用

この職方肝煎の設定を町々に触れたのは一六九九（元禄一二）年正月であるが、同年八月には次のような町触れが出されている。

方々の御普請も済んだので、日傭《ひやとい》に出ていた者が在所にも帰れないで浮浪している者が多いと聞いている。そのような者は申し出があれば在所へ送り返すようにする。事情があって帰郷できない者は代官や領主へ引き渡すようにする。どうしても帰れない者は町々が預かり、人別に加えるようにする。

これは浮浪人をなくすため、帰郷をすすめたものである。普請が全体として減少したために日雇人足が仕事にあぶれ、困窮化したのに対応したものである。すなわち元禄期に入っても公儀御用の普請が続き、一六九七（元禄一〇）年には江戸護持院および護国寺が完成し、翌年には上野寛永寺根本中堂、同年九月の勅額火事による焼失も翌元禄一二年二月には寛永寺本坊の再建工事が完成して、諸工事が一段落ついたのである。これは公儀普請だけでなく、一般の町方建築も以前よりは減少したものと思われる。それは日雇人足だけでなく、御用職人とくに建築関係の職人が公儀普請の減少によって難渋したものと考えられる。そのための対策、すなわち江戸市中や地方における大きな一般普請への進出に対する配慮が職方肝煎の設定には考えられる。

このとき定められた大工方肝煎の一人である甲良《こうら》豊前は、翌元禄一三年に長野善光寺の設計依頼をうけ、手代を長野に派遣して調査したあと、一七〇四（宝永元）年に四八〇〇両にのぼる請負証文を提示し、建築棟梁として大工・木挽・杣《そま》・鳶《とび》を一手に掌握して大工事を請け負っている。このとき甲良自身はほとんど江戸におり、設計の大半は手代がおこない、施工も現地に常駐させた甲良の下にいる四人の棟梁にまかせ、その監督下の大工小頭を通じて多数の職人を管轄する組織をつくっていたのである。甲良といえば、かつて日光東照宮の造営に一門を率いて従事して名をあげた「名匠」でもあるが、一方では幕府作事方の大棟梁を世襲する家柄でもある。このような事例は専門技術者というより、組織的な職人動員力をもつ請負業者という性格をより強く示している。このような請負人にとっては「幕府作事方大棟梁」または「幕府大工方肝煎」という肩書は一定の有効性をもっていたと考えている。

その他の大工肝煎も技術者として名が通っていた。『江戸惣鹿子名所大全』には鶴飛驒・甲良豊前・平内大隅・辻内茂兵衛が「諸職名匠」として名が出ている。また『江戸砂《すな》子《ご》』には村松石見・柏木土佐・小林若狭が元禄一一年の総営工事に大工棟梁としてつとめ名をあげたことを述べている。溝口筑後については「御作事方町棟梁溝口九兵衛筑後、無双の坪曲尺彫工上手なり、十三歳にして梅若丸の木像を彫《きざ》めり」と紹介されており、いずれも名匠とされている。しかしここでは本人の技術者としての名声もさることながら、多数の職人を抱え、また町方の職人も下請けとして動員できる能力と、資本調達の能力が請負人としては必要であり、「職方肝煎」という権威づけがそのような点で有効であったと考えられるのである。

請負制の広がり　地方都市や在方においても大きな普請や込み入った建築になると、地方大工や村大工の手に負えなくて中央の大工棟梁が工事全体を請け負うことが多くなる。とくに職人の組織的な動員力と資金の点で地方では手に負えなくなるのである。一七二一（享保六）年にできた『民間省要《みんかんせいよう》』は、関東における状況をよく伝えているが、次のことを述べている。

入札敷金やその他の持ち出し金がないと工事入札ができない。大金を用意することができないので、入札となっては田舎者には手に負えない。たまたま田舎へ落ちる札があってもせいぜい千両前後の工事である。万をこえるような入札に至ってはとうてい手が出せない。たとえ他所者が大金で一手に入札を落としても、結局はその土地の者に分担させて下請けさせなければならないのである。

中央の有力な職人親方層が普請全体を請け負い、それをさらに現地の大工を含めて木挽・左官などにいたるまでを下請け職人として実際の仕事をさせているのである。これは江戸市中の普請においても同様であり、大きな建築工事ほど競争入札制による請負制がひろがっている。そこで請負業者化する親方層とその職下として従属する一般職人層とに階層分化が進展するのであるが、その点については後述する。ここでは御用職人層が請負業者化する場合に、職方肝煎という名称が有効であったであろうことを指摘しておきたい。

作事方大工棟梁の効用

一七八二（天明二）年、中村長太夫という作事方に属する大工棟梁が、吉原で遊女と心中するという事件をおこした。町奉行所では変死として扱い、作事方へ処置を問い合わせたところが「作事方の支配ではない」という返答がなされた。心中事件なので不名誉なこととして突き放したのかもしれない。しかし他の大工棟梁たちは作事方支配を否定されては生活にも響くため、あわてて作事方支配を証明する過去の実績をつけて願い出た。しかし役人は「一度作事方支配でないと町奉行に返答した以上は、今のところは致し方がない。しばらくしてから願い出るように」と拒否されている。そこで日時をおいてまた願い出るがいっこうに聞き届けられず「町方に住んでいるのだから町奉行支配は当然である」とされたのである。そのうち七年が経過し、松平定信が登場して寛政改革がはじまった。政権交代をとらえて、一七八九（寛政元）年に大工棟梁たちはまたも「御支配願書」を提出した。願書は大工頭から作事奉行にまわり「願いの通り許可してやれば格別仕事の励みにもなるであろうことゆえ、許可してやってもよかろう」との意見を添えて老中へまわしてくれた。翌寛政二年にようやく作事方支配が復活したのである（西和夫『江戸時代の大工たち』）。

事件がおこってから八年後、その間に何度も作事方支配を復活させる願書を提出しているのであり、このことは公儀権威を背景にすることが生活に響いていることを示していよう。封建社会において幕府機構につながることの有効性が考えられるのである。

元禄期における江戸職人の生活実態

江戸市中においてこの時期の住民構成を知りうる史料はないし、どの町には大工がどれほど住んでいたかということは不明である。南伝馬町名主高野家の史料「日記言上之控《ごんじようのひかえ》」は元禄期の生活状況を伝える唯一ともいえるものなので、これによって職人の生活の一部を探ってみたい。

高野支配町の職人

この史料は一七〇〇（元禄一三）年から一七一一（宝永八）年の一二年間にわたるもので、高野家の支配町は南伝馬町・南鞘町・南塗師町・松川町一丁目・同二丁目・通三丁目代地という京橋の北側にあたる地域であり、そこでおこった事件を町奉行所へ報告したものである。全期間の届出件数は約八〇〇件であり、内容は欠落《かけおち》（失踪）・盗人・捨て子・

捨て物・行き倒れ・落とし物・義絶・勘当《かんどう》・自殺・犯罪（赦免《しゃめん》）などであるが、そのうち約半数が欠落人の届出であった。

いわば町のあるべき生活から脱落していった人々が関係した記録といえる。そこに登場する人々のうち職業の分かるものをすべてあげてみると次のようになる。これは事件をおこした当人だけでなく、その雇い主・請け人などさまざまであり、一二年間にわたっているので重複して出る場合もあって延べ数となっている（片倉比佐子『元禄の町』）。

A　商人（含　振り売）　計七五

瓜問屋七　油売六　豆腐屋六　質屋五　水菓子屋四　仕廻物《しまいもの》屋三　菓子屋三　小間物売三　飴売二　酒屋二　油屋二　両替屋二　たばこ売二　木綿売二　肴屋二　古金買　肴売　瀬戸物売　古物買　小間物屋　蠟燭《ろうそく》屋　材木屋　青物屋　蒟蒻《こんにゃく》屋　びん付屋　たばこ屋　きれ売　八百屋　樒《しきみ》之花売　せきだ売　針屋　塩肴屋　味噌売　絹切売　古木屋　雪駄屋　かうやく屋　餅屋　飴屋の各一。

B　居職人《いじょくにん》　計四三

髪結一〇　指物屋六　桶屋四　紺屋三　研屋三　籠屋二　切付屋二　具足屋二　仏師二　筆屋　障子屋　畳屋　鍛冶屋　銅屋　絵師　鞘師　葛籠《つづら》屋　蒔絵《まきえ》師の各一。

C　出職人《でしょくにん》　計一四五

大工一〇二　屋根屋一六　木挽一五　鳶六　左官五　木舞掻《こまいかき》一。

D　雑業・他　計二七

人宿一〇　かごかき六　湯屋四　日用取《ひようとり》二　馬宿　馬持　車力　車引　棒手振《ぼてふり》の各一。

Aは店を構えているであろう材木屋・水菓子屋・質屋・両替屋などとともに、何々売とある振売商人も併せて記している。Bは筆屋・蠟燭屋・葛籠屋などは製造と販売を兼ねていたのであるが、当時にあってはなお主人は親方職人的性格が強く、加工をその主要な営業内容としていたといえよう。また表通りに面した町と裏通り町では職種の違いもはっきりしている。東海道に面した南伝馬町二丁目には、商人として瓜問屋・質屋・水菓子屋・豆腐屋・小間物屋・菓子屋・肴屋・両替屋などが居住していたが、同時に筆屋・桶屋・籠屋・具足屋・研屋・指物屋・畳屋などの居職人がみられる。これらの職人は表通りに店を出し製品も販売する商人でもあった。これに対し裏通りに面した町には大工・左官・屋根屋・木挽といった出職人や、日用取などの人足が居住していたことが判明する。

さて、職業の判明する延べ数は二九〇人である。そのうち半数の一四五人が出職人に属している。居職人四三人と合わせると全体の六五%が職人ということになる。そのうちとくに大工は一〇二人に達して三五%を占めており、実に三人のうち一人は大工という数値を示しているのである。もちろん史料の性格上から、これがそのまま当時の職業構成であったということは控えたいが、実際の職業比率としても大工はずば抜けて多かったのではなかろうか。江戸は職人の町、とくに大工の町ということがいえるのでなかろうか。

欠落人　前記「日記言上之控」によると、元禄から宝永にかけての一二年間に扱われた八一一件のうち、欠落・取逃《とりにげ》・行方不明は四三九件で五四%を占めている。他は犯罪（含赦免）五三件、無宿非人召し捕り・引き取り三五件、盗難三四件、落とし物・捨てもの三〇件、などである（片倉比佐子、前掲書）。欠落が圧倒的に多く、もちろんその中には職人も多数まじっている。そのうちの幾つかを示して職人生活の一端を窺いたい。

A元禄一四年三月一〇日　南鞘町玄立店《だな》大工庄兵衛の申立て

召仕弟子の十兵衛三〇歳は、二年季で給金三両を前貸して召し抱えていましたが、七日に欠落しました。大工道具一通り・大鋸一枚・金指一枚・木綿布子一つ・合羽一つを取り逃げしましたのでお届けします。

欠落ついでに取り逃げしている事例は多い。大工道具一式その他を持ち出し、年齢も三〇歳であるから、どこかで大工の手間賃仕事をするつもりであろう。

B元禄一六年一〇月一四日　南塗師町勘兵衛店大工作兵衛の届け出

作兵衛は出身地の播磨（兵庫県）へ出かけ、留守中は倅の四郎兵衛（二五歳）と弟子作右衛門の二人を残しておいた。その四郎兵衛が田舎へ細工に行くといって当月二日に家を出たまま帰らない。常々佐倉へ細工に行くので、もしやと人を佐倉へ調べにやると、いつも細工する場所にも行っていないというので番所へ届け出ました。

これは欠落・行方不明の事例であり、このような件数も多い。ここでは常日ごろに佐倉（千葉県）の細工を手掛けていて、細工場までもっていたらしいことに興味がある。江戸居住の職人であっても、江戸市中だけではなく周辺地域に何ヵ所かの得意先をもつような出職人も相当いたのではなかろうか。「田舎へ細工にいく」ということに、不審がられずに家を出るという習慣があったのであろう。

C宝永三年九月二八日　南鞘町与惣兵衛店大工三左衛門の出居衆大工長三郎の届け出

弟子の七兵衛は一七歳で播州よふ田村の出身、昨年二月から十年季で給金一両の前貸しで召し抱えました。先月一四日に佐倉へ召し連れて細工に行き普請もだいたい終わったので、七兵衛を江戸へ八月晦日に帰したのですが、宿には戻っていませんでした。

当月二四日に長三郎が佐倉から帰ってこの様子を聞き、方々を尋ね回ったのですが行方知れずなのでお届けします。

これも佐倉へ長期間にわたって細工に出かけているので示してみた。またこの弟子も播磨の出身であり、地方出の職人は多い。主人である長三郎も「出居衆」とあるので、地方居住者でしばらく江戸で稼ぐというものなのだが、十年季の弟子を抱えるなど腰掛け的出稼ぎ人とは思えない。正式の「人別送り」をしないで江戸に居住したものも多かったのではなかろうか。

D元禄一六年一二月一日　南鞘町次郎右衛門店借《たながり》大工甚兵衛の届け出

当年九月一三日に、奉行所から北鞘町へ奴子に下された三之介一〇歳なる子供を、金一両を添えて永代大工にするという約束で貰い受けたところ、今月九日より家を出たまま帰らない。方々尋ね歩いても行方不明なので届け出ます。

これは少し変わったケースである。欠落弟子の三之介は、奉行所から北鞘町へ奴として下されたものという。これは刑罰をうけた犯罪者の子供ではなかろうか。出身町へ下されたが一〇歳の子供なので金一両を添えて大工の弟子に引き取らせたのであろう。その子が家出し行方不明ということである。

このような奉公人または弟子の欠落・取り逃げが圧倒的に多い。これらの町人口は三三〇〇人ほどであるが、この一二年間に四三七件・四四六人の欠落者があったことになり、決して少ない数ではない。これらの欠落・行方不明人はどこへ行ったのであろうか。もちろん一部は浮浪人化したり犯罪人になるなどもあったであろうが、ある程度技術を習得した弟子などは手間賃仕事で稼ぐ機会も多かったのではなかろうか。欠落奉公人に関する町触れは元禄七、八年ころから急に増えている。それも奉公人が請《う》け人（保証人）や人主《ひとぬし》（斡旋人）と馴れ合って欠落することを禁じているものが多いので、計画的欠落というものもあったということである。ある程度の技術があれば次々と仕事口があったとみられ、技術者は働き先があることで年季の途中で欠落する奉公人も多かったのであろう。

失火事件

これから述べることはとくに職人だからというわけではない。ただし町人の過半を職人が占め、とくに店借層には職人の比率が高いということから、職人がからんだ諸事件が多くなるのも当然であろう。いわば元禄の職人社会の一端を示すものとして興味ある幾つかを示しておきたい。

A元禄一四年一月一二日　南鞘町甚四郎店鍛冶七兵衛の届け出

朝から細工を始めていました時に、ふいごの下に敷く筵《むしろ》を取り替えて古筵を二階へ運びましたが、ふいごの火でも飛び移っていたのでしょうか、傍の俵などに火が移り煙を出しましたのですぐに火を消しました。火消衆は出動しなかったのですが、町内も騒ぎだし近所の人も駆けつけて屋根などをはがしたりしましたのでお届けします。

詮議のうえ、不用心で不届きであったとして手鎖のうえ家主へお預けとなる。単なる失火であったが、火事に対しては厳しい詮議がなされて処罰されている。手鎖の赦免については何度か願い出たあと二一日にいたって許されている。

B宝永三年一一月一五日　通三丁目代地家持善右衛門の届け出

私は蠟燭屋をしていますので灯心を買い置きしていまして、二階の上がり口の階段下に置いてあります。召仕の孫兵衛というものが手燭に火を灯《とも》して二階へ上がったとき、蠟燭の火が灯心の上に落ちて燃え付き煙が立ちましたが、さっそくに消火しました。そのあとで近所の人達が駆けつけましたが、火消衆は出動しませんでした。一七日には当人・善右衛門・五人組・名主の連判で「手あやまちに間違いありません。もし付け火と申す者があれば、どのように処分されても構いません」という証文を差し出しました。詮議のうえ、善右衛門は度々《たびたび》のお触れにも拘《かか》わらず火の用心が徹底せず、と処罰され「押し込み」となる。あやまち当人の奉公人孫兵衛は手鎖を申し付けられる。

二八日に願いにより二人とも赦免になる。

A・Bの両件ともまったくの失火であるが、当人はもちろん主人まで監督不行き届きで処罰をうけている。江戸のような大都会ではとくに火事については警戒し何度も町触れを出している。とくに火を扱う商売や燃えやすい商品を扱うものに対しては警戒するように命じている。町内においても町法などで危険な商売を禁じている場合もみられるのである。

放火事件

宝永二年三月一日　松川町二丁目善右衛門店の屋根屋吉兵衛の届け出

今朝方私の家の二階で角柱の辺から出火し、柱が一尺ほど焼け屋根も一尺四方ほど焼けました。隣家との境目屋根および借家の屋根も少し焦げました。相店の者と町内の者が駆けつけて早速火を消しましたが、火消衆その他の出動はありませんでした。

詮議の結果は召仕又助の放火と判明する。

又助の白状文言

私は八王子領大柳村百姓権兵衛の倅です。一〇ヵ年以前から吉兵衛方へ年季奉公に来ましたが、主人は細工を習わせずに供にばかり召し連れます。そこで桶町四郎兵衛と申す者に頼んで、細工をさせる様に言ってもらいましたが主人は承知しません。そのうえ他の者には毎月小遣いとして百文ずつくれるのに、私には草履銭《ぞうりせん》しか呉れません。昨年から参りました新助には細工をさせているのに、私にはむごい扱いをします。常日頃家の中で失せ物などありますと、私が盗んだと言われるなど無体なことばかりです。そこで先月二九日夜、家の者を同道して主人が新吉原へ出かけた留守に、古麻の帷子《かたびら》を縄になって大釜の下の火を移し、袂《たもと》の中に入れて二階へ上がり、そこにあった古綿にくるんで二階の軒に挾み置いて焼き払おうとしたのです。

年季奉公といっても技術習得を目指したのであった。それが一〇年間も細工をさせようとしなかった主人への恨みに何となく胸を衝《つ》かれる思いがする。

自殺事件

A元禄一四年八月二三日　南鞘町善太郎店の大工次兵衛の届け出

舅《しゅうと》茂兵衛六五歳になる者、昨夜二階で細引を吊り下げ桶の上に板を敷いて踏みくずし、首縊り自殺をしました。今朝方見つけて家主に知らせ、五人組・名主が見分の上で番所（奉行所）へ届け出、御検視をうけました。御詮議の上、自殺に間違いないとされました。

B元禄一四年二月一四日　松川町一丁目源右衛門店大工小兵衛の届け出

手間取大工長助と申す者、今日戸田能登守様屋敷へ細工に参り、小兵衛兄孫四郎の弟子四郎兵衛と申す者と口論になり、普請奉行衆からお叱りをうけました。それを無念と思ったのか、二階へ上がって継カンナで自害をはかったので駆けつけると、死んでいなくて傷も浅かったので、五人組立ち合いの上御番所へ届け出て御検視をうける。同月二八日　手負い長助の傷が直り、請け人半左衛門・主人小兵衛とともに番所に出頭、「お構いなし」となる。

盗難事件

A元禄一四年五月三日　松川町二丁目玄賀店紺屋七兵衛の届け出

私は甲府様御家中衆より衣類品々を預かっていましたが、昨夜盗難にあいました。

黒りんず着物一　肩に桜の縫いあり、地黒帷子一　なでしこの模様縫い、絹ちぢみ帷子一　菊の模様縫い、さらし無地帷子一　縫い入れ菊模様、茶屋満帷子一、木綿肌着一、風呂敷二つ、小立帷子一つ、蚊帳一、金一両三分　銭七百文、　計一二品

右の盗物のうち、小立帷子は横山町一丁目孫三郎店古着屋権兵衛方で見つけました。

先述の大工もそうであるが、この紺屋も武家屋敷に出入りしており、大切な預かり品が盗難にあってしまった。しかしそのうちの一つはすぐに古着屋から見つかっている。衣類の一つ一つの色や模様など特徴を書き出しているのも、このような場合に備えたものであ

る。また古着は貴重な財産であり、右から左へ換金されて販売されるルートが成立している。盗難事件がおこると、すぐに質屋や古着屋に品触れがなされるのも、このあたりから発見される確率が高いためであろう。

B元禄一七年一月二八日　南鞘町五郎八店庄三郎が御城内の銅瓦細工に雇われ銅瓦を盗みだし、仲間七人と山分けして三川町五郎八と申す者へ売り渡したところを、届けによって召し捕らえられて牢入りになった。雇頭は箔屋町八左衛門店理兵衛である。その後、庄三郎が病気になり、牢と「町預け」を繰り返す。

宝永六年八月二日、銅屋庄三郎は流罪のところ、このたび大赦につき八丈島へ遠島。江戸城の銅瓦窃盗事件のためとくに重い処分になったものであろう。結局は大赦（これは六代将軍家宣《いえのぶ》の就任によるもの）によって八丈島送りになっている。この五年半ほどの期間に、病身のため五回も町預けになり、それは合わせて一年九ヵ月に及んでいる。何かあると家主・五人組・町名主が呼び出され、また容体報告のため三日に一度、または五日に一度の出頭が義務づけられている。町預けともなれば看病や監視など町全体の負担は重いものであった。町が行政の末端を担わされていることが示されている。また町としても、たとえ店借人であっても犯罪に巻き込まれれば大変な迷惑を蒙るわけで、身元の確認や確かな保証人を求め、また常日ごろより行動を監視することになる。職人と限ったわけではないが、町を通しての住民統制が強化されざるをえないことになるのである。

元禄期職人の統制形態

この銅屋庄三郎が江戸城へ銅瓦細工に出たのは「雇頭箔屋町八左衛門店理兵衛」に雇われたからであった。このようなものとして「南塗師屋町与市良店大工肝煎藤十郎」というもの、欠落した店借与兵衛の肩書は「御畳人足方支配」というものであった。これらの肩書である「雇頭」「大工肝煎《きもいり》」「人足方支配」などは何であろうか。先述の元禄一二年の職方肝煎は江戸城への国役遂行のため設定されたと推定したが、しかし市中に散在する職人を統制するには不十分であったと思われる。職方肝煎の設定そのものも町触れであり「町々にて職人共へ申し渡すべく候」と町政機構を利用しているのである。

さらに、実際に国役職人を集めて江戸城へ動員するには、前記の雇い頭などを利用しなければならなかったのではなかろうか。職人は地域ごとの内仲間を結成していたと前述したが、この仲間ごとに雇い頭とか肝煎とかを設けて職人動員を果たしたものと思われる。すなわち、職方肝煎は一方では町政機構を利用し、一方では職人仲間機構を利用することで、ようやく国役を遂行していたのであり、職方肝煎の統制力は弱体であったと見るほかはない。しかも雇い頭などといってもいずれも店借層であり、同じような少数の弟子を抱える店借職人を動員して城中の工事に従事している。動員する雇い頭層も動員される職人層も転職・転宅・没落なども予想され、きわめて流動的であったと思われ、国役遂行の貫徹も容易でなくなっているのである。

また事件事例をみていると、二階建の家は普通に見られ京橋辺の職人居住町はすでに過密状態にあったことが知られる。そこには居職・出職をとわず多数の店借職人が居住し、それぞれが年季奉公人や弟子を抱えて生活している。その一部は欠落人として脱落していくのであるが、その行き先は明らかでない。市中の底辺を形成する日雇い・人足・無宿・浮浪人などの増加と無関係ではないだろう。幕府の享保改革で江戸の都市問題をはじめて本格的に取り上げざるをえない状況を作り出しているのである。

享保改革と職人組合

一七二一（享保六）年一一月、職人・商人の一部に組合の設立を命ずる町触れが出された。その内容を検討してみたい。

職人組合の結成

一　諸商人・諸職人は組合を相きめ、月行事を相定め、新規の品を作り出さないように申し付けられた。

このときの触れは五項目に分かれていたが、その最初の項目である。当面の目的は新規の品または奢侈《しゃし》品の製作禁止という、幕政改革における奢侈禁止令（または倹約令）を達成する手段としてである。さらに二項目にある「火事以後、値段は二割または三割以上にならないようにせよ」という物価抑制のためである。すなわち、職人組合はあくまでも幕府政策を遂行するために上から設定されたものであることをまず注意しておきたい。ついで組合ごとに月行事を定め、組合名簿を作成して町年寄奈良屋へ提出させている。このような町奉行所↓町年寄↓町名主という町方支配機構を通して職人（商人）を統制しようとする、最初の制度的対応であることに注意しておきたい。

組合と仲間

三項目は次のような条文である。同一条文の中で組合と仲間を使い分けていることに注意してほしい。

一　先達て組合に入った者以外に、新規に商売に取り付く者があれば、其の段を届け出て帳面に付けるようにせよ。帳面にも付けず、組合にも入らない者があれば、落ち度とする。

同商売にて仲カ間へ入らない者があれば、仲カ間の者共より知らせてくるようにせよ。

但し、仲カ間に入らない同職の者が有る場合、仲カ間の者が調べて自分了簡を以《もっ》て商売妨害などしないようにせよ。そのような者があれば、其の者の名前及び住所を調べて知らせるようにせよ。

これは、新規に開業した者は必ず組合に入るということであり、もし組合に入らなければば落ち度として処罰の対象にもなるような義務づけがなされている。しかし新規業者は（組合に入っても、以前から存在する）同業仲間に入らない場合は、仲間だけの了簡で勝手に商売差し止めなどしないで、町年寄へ届け出るようにということである。すなわち仲間はあくまでも任意団体であって、奉行所が仲間に入ることを義務づけるような存在ではない。自由意志の話し合いによって加入させるということを示している。ここでは組合と仲間をはっきり区別しているのである。このたび設定された組合は幕府政策の遂行上で必要とされたものであって、従来から実質的に存在していた仲間とは別の存在なのである。ここを混同すると、幕府がこのときはじめて内仲間を公認したように認識することになる。内仲間としては一七一〇（宝永七）年の屋根葺《ふ》きに対する町触れのように、以前から存在を黙認されていたものであった。むしろこのたびは、仲間が従来までやっていたような、新規業者の営業を妨害する行為を抑えようとする意図がみられる。すなわち第五項目には、

一　先だって組合をつくった商人または職人だけで同業者の人数を制限するわけではない。新しく商売を始めたい者は、届け出たうえで自由に商売をすればよい。その時に同業者から商売を妨害するようなことはしないようにせよ。
商売替えの場合も同様である。

商売希望や、妨害の事があった場合は、直ぐに町年寄奈良屋役所へ届け出るようにせよ。

組合は人数制限をしないで自由に加入を認めており、仲間は同業者数を制限することに重点を置いているので、そこが組合と仲間のもっとも異なる点である。だから同業者（仲間）が新規営業を妨害してはならない、とわざわざ断っているのである。

これらによって、この享保六年の町触れは同職仲間の公認というようなものではなく、むしろ従来からある自主的な結合体である同職仲間と別に組合をつくり出し、奈良屋などの町年寄を通して名前を登録させたものなのであった。幕府の政策を忠実に守らせるために結成された同職組合であるため、結果的には既得権益を守ろうとする同職仲間の弱体化につながるものであった。

このとき組合の結成を命じられたのは、次のような職種であった。

扇屋　紺屋　雛人形屋　皮細工　きせる屋　火鉢土器屋　塗り物屋　布物屋　鼻紙袋屋

はん木屋　練人形屋　絵物屋　唐紙屋　煙草入屋　玉細工　錺《かざり》屋　鋳物屋　金具屋

指物屋　塗師《ぬし》屋　蒔絵《まきえ》屋　下傘請負　細細工《ほそさいく》　唐金《からかね》細工　はしや　下駄屋　紙子屋　紺

屋形掘り　子供手遊類　戸障子細工　合羽屋　駿河細工　櫛引　鯨細工屋　作り花屋

だ菓子屋　さし傘　仕立屋　水引屋　小刀屋　煎餅屋　べっこうや　菖蒲甲《しょうぶかぶと》屋　三味線屋　錫屋　雪駄《せった》屋　土人形屋　琴屋　屛風屋　菖蒲刀屋　経師　張抜人形屋　飴屋　正平染屋　花火師　筆屋　花昆布屋　白銀屋　印籠師　縫箔屋　提灯屋　硝子屋　青貝師　彫物師　鍔《つば》屋　鏡屋　ふすべ皮屋　籠屋　革細工人　股引屋　革羽織屋　革足袋屋　鞠屋　呉服屋　はりこ屋　請菓子《うけかし》屋　紙漉《かみすき》屋　うちわや　唐木《からき》細工　挽物《ひきもの》屋　硯《すずり》師　みすや　あかね染　紫屋　ひもの屋

奢侈品作製の可能性のある居職人とみられるが、なかには何を作っているのかよく分からないものもある。居職も専門分化して精巧なものが作られていることが知られる。多くは仲間などつくらずにこつこつと勝手に細工をしているようであるが、これを登録制にして細工内容を監視しようとするものであろう。また仲間の一部を構成する職種の場合もあるだろうが、新規開業の自由など仲間の内規と矛盾していることに問題が残されるのである。

桶職人の出役体制

享保期には江戸城への出役体制を再び強化しようとする動きがみられる。桶職人は前述のように代役銭になっていたのであるが、再び出役体制に復帰させようとしている。一七二二（享保七）年の町触れには、町方にある桶大工は、国役として御桶部屋御用を勤めるはずであるが、実際には出役しない職人もあると聞いている。そこで今後は御桶師細井藤十郎・野々山孫助方から鑑札を渡して人別を確認し、御用勤めをさせるようにしたい。そこで来る一七日から二一日までの五日間に、御桶師方へ参り帳面に記入して札を受け取るようにせよ。もし御用が勤められない理由があれば、その旨《むね》を書付にし、奈良屋市右衛門（町年寄）方へ差し出すようにせよ。この旨市中残らず触れ知らせるものである。

町触れ中の御桶師二人は元禄一二年に設定された桶方肝煎である。桶職人は二七組に分けられ、各組頭が組内限りに代役銭を徴収して、桶方肝煎細井藤十郎・野々山孫助に納め、また出役する職人の割り当てがあった場合には組内で消化してきた。地域的な仲間結合に依存して国役を果たしてきたのであるが、このたびは町年寄―桶方肝煎の機構によって直接に桶職人を捉えるため、桶方肝煎から鑑札を交付することによって実現しようとしたのである。

桶職人出役についての町触れは、一六五七（明暦三）年、一六六三（寛文三）年についで三度目である。すなわち天和以降は代役銭になったため出役の町触れが出されなかったということと、仲間を通して代役銭・出役職人を確保したことが町触れの必要をなくしたのであった。そのような強固な仲間組織を無視して直接に職人を掌握しようとしたのは、これは単に幕初の直役への復帰ということではないだろう。このたびの場合は桶町国役の延長ということではなく、最初から市中在住の職人を対象にして出役体制を再編強化するという目的であったとみる。その点では、元禄の職人肝煎を設定した意図を享保にいたってさらに強化したものといえる。幕府は財政の節減を出役強化という職人負担に転嫁しようとしたのであった。

また享保七年には江戸市中の町名主に対し名主組合を作らせているが、無秩序に発展してきた江戸町方に対する統制を、町名主を通して実現しようとしたことが考えられる。すなわち町名主を通して職人を書き上げさせ、職方肝煎に鑑札交付という特権を与えて職人掌握をはかろうとしたものである。

直役強化への不満　このような直役強化に対して、桶職人は「江戸桶大工　二十七組」の名において、一七三四（享保一九）年に次のような訴状を提出している。

江戸へ御入国以来、江戸城桶細工の儀は桶町二町へ国役人数千人ずつ仰せ付けられ、御役を勤めてきました。それによって桶町二町の土地を下され有り難く思っています。

しかるところ江戸城御用細工が多くなって支障が生ずるようになったので、桶町以外に居住している桶大工にも一人または二人ずつ助役が命ぜられるようになり、これまでは桶大工も少しの事だからと勤めて参りました。ところが段々と助役が多くなり、この前までは（一ヵ年で）一人分か二人分を勤めていたのが、近年は（桶大工一人で一ヵ年に）二、三十人分ほども仰せ付けられ大変迷惑しているのです。毎年のように細井藤十郎・野々山孫助方へ何とかしてくれるように何度もお願いしたのですが、一向に埒《らち》が明きません。桶町へは地面を下されているのに、桶町以外の助役職人には何の助成もない上に御役ばかりが多くなり迷惑しているところです。

さらに、ここ一、二年は原料である色竹が急に値上がりし、その上仕事量が減って、表店《おもてだな》にあった桶大工は店をたたんで姿を消し、職人の数が減ったために残った職人の負担がますます重くなって、御役も勤めかねるほど困窮しています。

職人国役の実態

桶職人の訴えに対して、町奉行所では町年寄を通して桶職人の国役がとくに重いのかどうかを調査している。町名主による職人国役・助役の実態を報告させているので、それによって享保一九年当時における職人国役の一端が知られるのである。

畳町国役　一ヵ年に四三七人、その他に表店一軒につき年間二〇人ほど、計一ヵ年に九〇〇〇人ほどになる。ただし一人に一升二合の飯米を支給する。

檜物町国役　一ヵ年に六〇両、他に助役として「あて板」一枚につき年間二〇〇文、人数高は不明。

研屋国役　出役一軒につき一ヵ年二人ほど、町中で一ヵ年に一〇〇〜二〇〇人ほど、飯米はなし。

経師国役　一軒に一ヵ年二〇人ほど、飯米一升二合を支給。

なお、この調査では桶屋国役は訴願状でいう年間二〇〜三〇人ではなく、実際は十四、五人ほどであり、とくに重い負担ではないとして訴願は却下されたようである。負担は職種によってまちまちであり、代役銭の場合もあるが、畳・経師・桶など平時需要の高い職種では一軒につき一ヵ年二〇人ほどにのぼっており、重い出役負担といえるであろう。

なお、桶職人の訴願状では、助役軽減を桶方肝煎にしばしば訴えたが埒が明かず、そこで奉行所へ訴え出たとしている。この場合の職方肝煎は、幕府御用を完納する末端機構化しており、職人の要望よりも職務遂行を重視する役人的性格を強めていったのである。そのため「江戸惣桶大工ども」は職方肝煎を忌避して町方へ訴状を提出しているのであり、町方は国役の実態を一応調査するなどそれに答える動きをしている。このことは、職人を掌握・統制していくためには、このような職方肝煎では困難となり、むしろ町方支配機構を通しておこなわれるべき方向を示している。

畳職人人別帳

畳職人に対する国役負担は、前述のように飛び抜けて多いものであった。広大な江戸城の畳を相手にするのであるから、多数の国役職人の確保に苦労したようであり、そのための町触れが何度も出されている。一七一八（享保三）年には江戸中の畳屋畳刺《たたみさし》人別帳を作成して国役職人の動員に備えている。しかし享保八年一月には、次のような町触れがみられた。

人別帳を作成した以後、類焼などのため店じまい又は転宅なども多くあり、このため帳面に増減など書き改めるから、町中表店裏店にある畳屋畳刺は来る二月一日から一五日までの間に、柳原松下町代地中村弥太夫・岩井町早川助右衛門方へ参り、改めて帳面へ記入するようにせよ。不参者は越度《おちど》として処罰するので、町名主が調査して必ず出頭するように申し渡すようにせよ。町名主から承知の請け印を取るから町年寄奈良屋役所へ参集すること。

わずか五年間ほどで、前の人別帳が役に立たなくなるほどの店じまいや移動の激しさを示している。近世都市、それも享保期前後における都市住人の移動や商売替えは想像以上の激しさを示しており、それも裏店住人ほど激しいのである。そのため畳仲間でも掌握しきれず、町名主（町名主のいない町では月行事）を通して徹底した再調査を余儀なくされているのである。なお中村弥太夫・早川助右衛門は畳方肝煎（御畳大工）である。

一七二七（享保一二）年一二月の町触れでは、次のように述べている。

暮御畳御用は御国役である。そこで御畳大工から畳屋共へ出役を触れ出しているのであるが、出役しないものが多くある。御用の支障になるので、御畳大工から触れ次第に早速出役するように、町中残らず念を入れて触れ渡すようにせよ。

せっかく人別帳を作成して所在を確認しても、出役触れに応じない畳職人が多数いたことを示している。改めて町触れに依存して出役を促しているのであるが、どれだけ効果があったかは疑問である。同じような町触れが翌々享保一四年一二月にも「出役しない職人もあり」として出され、「明二五日から二八日までの四日間、一軒から一人ずつきっと出役するようにせよ」とせっぱつまった状況で出されている。しかし歳末の猫の手も借りたいほど忙しい畳職人には迷惑至極なことであり、不満も強かったのであろう。そのため毎年のように出役を忌避したり、登録しないものが出てくるものと思われる。

畳職人の再調査

　そのような事情のためであろうが、一七四〇（元文五）年三月には、再びいっせいに町方畳職人の所在を確認する調査をしている。

町中の表店裏店に住んでいる畳屋畳刺どもの人別を、この雛形《ひながた》のような形式で、名主の支配限りで帳面を作り、来る二一日に町年寄樽屋役所へ差し出すようにせよ。人数の書き落としのないように念を入れて改めるようにせよ。

　　覚え

何町何丁目　　　　　　　誰店

一　壱人　　　　　　　　畳屋　誰　印

　　　手間取　何人

　　但　弟　子　何人

　　　職　人　何人

何町何丁目　　　　　　　誰店

一　壱人　　　　　　　　畳刺　誰　印

　　但　弟　子　何人

　　　出《で》居衆《いしゅう》　何人

右のほか、拙者ども町内に一人も居りません、以上。

三月

何町　月行事　誰　印

何町　同　誰　印

名主　誰　印

右の帳面を差し出したあとは、御畳大工中村弥太夫・早川助右衛門の所へ相廻し、前々の通り相改めるようにするから、右両人の指図に従うように畳屋共に申し聞かせる事。かつ、新店を出した畳屋畳刺共のうち、右両人へ届け出ない者もいると聞くが不埒《ふらち》なことである。今後は新店を出した分は遅滞無く御畳大工方へきっと届け出るようにせよ。

右の趣、念を入れて相触れること。

畳屋・畳刺・手間取・弟子・職人・出居衆にいたるまでの網羅的な調査であり、町名主を通して畳職人を徹底的にとらえ直そうという態度が示されている。そして町方で調査した名簿を御畳大工に廻して、そこで改めて職人をとらえ直して出役人数を確保しようとしたのである。すなわち、町方の手を借りることによって、畳職人の出役体制を再編成しようとしたものといえる。同年七月には、御畳大工の方で名簿ができあがったから、すべての畳職人は中村弥太夫方へまかり出て、名簿に捺印することを申し渡され再編成を完了している。このようにして職人の不満・抵抗を抑えて出役体制を強化したのである。

髪結職人と御用勤め

江戸の髪結い職人は、得意場として一定地域の営業を独占することが渡世の安定につながるので、早くから仲間結合を強め、町奉行所とのつながりを求めてその御用を勤めることに努力していたとみられる。

髪結いの御用勤めの初めは、一六四〇（寛永一七）年に、川や堀にかかる橋の見張り警備を奉行所より頼まれたこととしている。橋の左右六町の髪結いがその勤務を請け負い、その代わりに焼き印札を交付されてその職が保証されたとしている。町奉行公認の髪結い

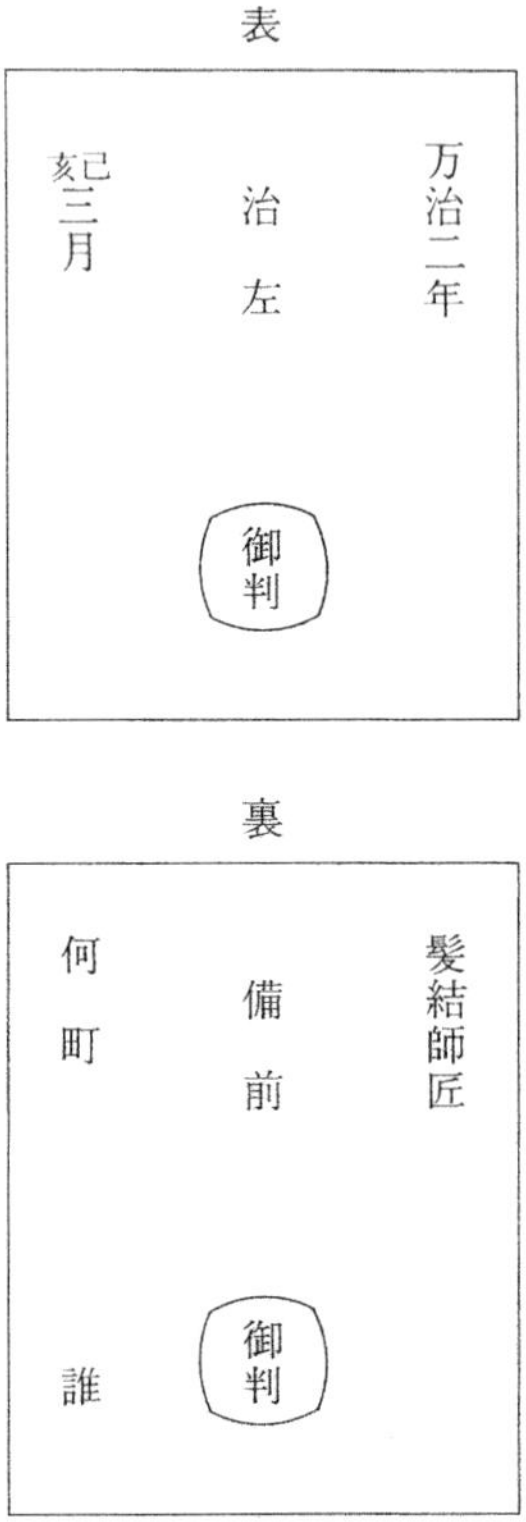

図1　髪結い職人万治札

職としてこの焼き印札が権利を示すものとして大切に保持された。

この橋警備役は明暦《めいれき》の大火後は中絶しており、焼き印札も多く焼失したりして髪結いの稼ぎ場が混乱したため、あらためて一六五九（万治二）年に町奉行所へ願い出て、再び「万治《まんじ》札」と呼ばれる焼き印札を交付されている。それが図1である。「治左」とあるのは、北町奉行村越治左衛門吉勝であり、「備前」は南町奉行神尾備前守元勝である。この札の中には「髪結弟子」というのもあるので、弟子も鑑札所持によって稼いでいたのであろう。

次に、万治札が実際の効力をもっていた事例を紹介しておきたい。一七三二（享保一七）年、日本橋通《とおり》一丁目宇兵衛店三左衛門が万治札を根拠に稼ぎ場所取り戻し訴訟をおこした。

通一丁目に隣接する万町平兵衛店髪結い善八の申し口

私は組合の定めた「一町切り」を守り長らく家業を続けてきた。しかるに私場所の木戸内へ他の髪結いが引っ越してきて、商売を始めたので納得できません。

三左衛門の申し口

私は通一丁目を稼ぎ場所とする万治札を所持しているし、現在も髪結いを家業としています。ところが親の代に、万町へ入り込んでいる通一丁目の奥行一〇間の場所（万町の木戸内に通一丁目の一部が含まれているのであろう）を角兵衛というものに預けて稼がせ、揚銭（権利の貸付料）をとってきた。その角兵衛から善八が権利を買い取って木戸内はすべて自分の稼ぎ場と称しているので、本来の権利者である私が場所取り戻しを訴え出た次第です。

奉行所での吟味の結果は、万治札を所持しているからには通一丁目から万町に入り込んだ一〇間の地面は三左衛門持ち場に相違ない。ただし長く善八が家業を続けている場所であるため、善八一代限りは稼ぎ場として認めるというものであった。

髪結い職の稼ぎ場が町単位に厳密に定められ、他の入り込み稼ぎを認めないという強力な仲間協定が結ばれていることを示すとともに、その根拠が万治札を所持しているかどうかにかかわり、一種の権利証として通用していたことが奉行所裁決によっても裏付けられているのである。

髪結い職の役割

橋番御用がなくなると、そのころより牢屋敷御用を勤めるようになったとしている。後年におこなわれている方式としては、牢屋敷から前日に髪結いを何人差し出すようにという連絡が月番の町年寄へ達せられ、町年寄は前々から髪結いを出していた町々へ一ヵ町一人ずつの割り当てで申し渡す。この町々は日本橋南北町々・外神田湯島・浅草辺・両国・霊岸島・八丁堀・築地・芝口浜松町辺の町々とされている。町内から月行事が付き添って、町内回り髪結いまたは床髪結いの者が出頭して、囚人の髪月代《さかやき》の仕事をする。この御用は御赦免の時や遠島に出発する時などのほか、在牢囚人にも適用されたのである。この月代剃りは町にとっては一年に一、二度程度の割り当てであり、髪結いには二〇〇文～四〇〇文ほどの銭が支払われている。これによると牢屋敷御用は町々の負担役であって髪結いは報酬をうけている。しかし町内を得意場とする髪結いにとっては義務ともなっている。むしろ橋番御用に代わって奉行所とのつながりを保つ好機ともとらえ、「役剃《やくぞり》」と称して髪結い職の御用役ということを強調したのである。

髪結い職が他の職種と異なるのは町とのつながりが強いことである。町の入り口にある木戸番所の一部を借りて髪結いと番人を兼ねたり、町から補助金を受けている場合もあり、その代わり町内を得意場として独占するという共存関係を結んでいた。また辻番人や高札番人を兼ねる場合もあった。町内の番人を無償で勤めることによって床場所の確保をはかったのである。

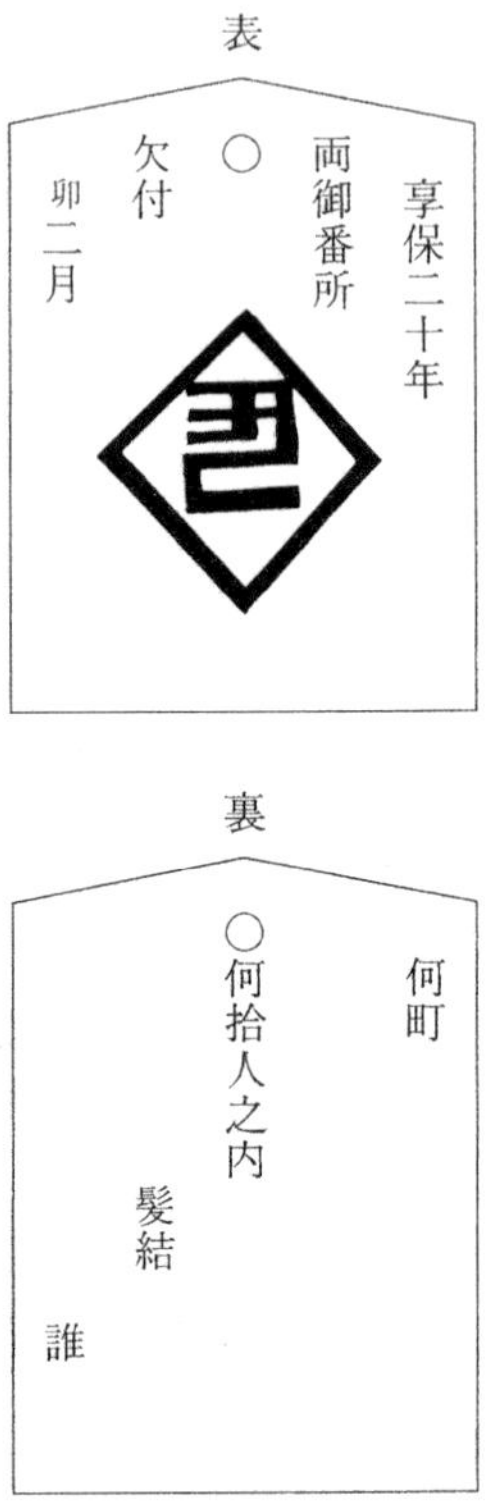

図2　両番所駆付札

髪結い職の番所駆付御用

一七二三（享保八）年、山之手筋髪結いは両番所駆け付けを願い出て許可されている。これは火事の節に両町奉行所の風向きが悪いときに、町々髪結い仲間より人数を振り向けて、奉行所へ駆け付けて防火やとくに役所の書類・帳面類の持ち出しを手伝うということである。もちろん狙いとするのは、町年寄へ髪結い名簿を提出することにあった。その人別書き上げは、四谷組一二人・麹町組一二人・麻布組一一人・市谷組四人・下谷組一三人・旅籠《はたご》町組八人・本郷湯島天神組一五人の計七五人であった。これによって享保八年当時における髪結い職であることを町方当局に確認してもらい、今後の権利主張の根拠にしようというのであろう。

翌享保九年には山之手筋以外の髪結い職が奉行所へ追願《ついがん》し、我々も加えて欲しいと願い出て許可されている。それは本町・本石町《ほんこく》・小舟町・堺町・浜町・神田通・湯島・本郷・駒込追分・牛込・小石川・西久保・芝筋の町々髪結い二三九人であり、これも髪結い名簿を町年寄に登録している。

この享保八年の駆付御用は、風向きが悪いときは出動し、風向きが良いときは出動しないという内容であった。享保二〇年には、さらに風向き如何《いかん》にかかわらず奉行所近辺に火事があった場合には、いつでも駆け付けることを願い出て許可を得ている。それと引き換えに待望の焼き印札の交付をうけることに成功している。両番所駆け付け札（札には「欠付」とある）である（図2参照）が、もちろんこれが髪結いの鑑札であり、後々までの権利証になるものであった。髪結いはこれを機会に組ごとに組印を作製し、「両御番所駆付」と書いた幟《のぼり》、それに高張提灯《たかはりぢょうちん》と弓張《ゆみはり》提灯を作っており、その意気込みの程が窺われるのである。このときに人数が増えたせいか、両番所へ駆け付ける人数の一部を、町年寄役所および牢屋敷へも廻すということにしたらしい。

仲間外の髪結い職

しかし、これによって髪結い職がすべて髪結い仲間に加入することになったわけではないし、奉行所も仲間への強制加入を認めたわけではなかった。一七六七（明和四）年の次の訴訟文書がみられる。

湯島聖堂掃除屋敷髪結い組合行事清吉他の申し口

神田旅籠町二丁目床番屋三ヵ所、同所花房町床番屋一ヵ所、この床は町内持ちで髪結い番人を置いている。この両町家主共は無役無札で髪結い床を所持しているうえに、仲間外の髪結いに床を預け揚げ銭を家主共が取っているので、私共が仲間へ入るように申し入れても一向に取り合わない。どうぞ右の家主共が髪結い仲間に入り、両番所駆け付け人足役を勤めるように奉行所から申し付けて下さい。

奉行所の裁決

髪結い床が町内持ちで駆け付け人足を勤めていないのは、本所一丁目をはじめとして数多く存在している。また駆け付け人足は公儀から命じたものではなく、髪結い共から願い出たので認めたものである。それ故、奉行所側から人足役を勤めよと申し付ける筋合いではない。

また、仲間外の髪結いが床番屋を預かっていることについては、小網町二丁目七助・若松町小次郎の両人はいずれも仲間外の者であるが、髪結い床番屋を預かって営業している。それ以外にもこのような事例は多数見受けられる。髪結い仲間でなければ床番屋を預かってはならないという規定もないので、訴訟人の申し口はなりたたない。

というものであった。結局髪結い組合行事は「今後とも右両町四ヵ所床番屋の儀に付き妨害がましきことは一切しない」という一札を入れて、吟味の願い下げをおこない、髪結い仲間側の全面的な敗北となっている。髪結い仲間に入らないで営業している者が相当数存在した事実を示すとともに、とくに町内持ちの床番屋（髪結い床と町番人を兼ねて自身番小屋で営業）の場合が多かったことが知られるのである。

一七七六（安永五）年には、次のような髪結い仲間の出願が却下されている。

私共が御願いしますのは、御当地町々の髪結い共は古来より焼き印札を所持して参りましたのに、近年は無役無札の髪結い共が武家屋敷などへ入り込み渡世している者がありあます。そこで無役無札の者より一人前につき一ヵ月銭一五〇文ずつ取り立て、出火の節に人足一〇〇人ずつが御番所へ駆けつけ防火御用を勤めたいので御願い申し上げます。

奉行所の判断

無役の者は、髪結い仲間に入らないで町内番人を兼ねたり、または他の商売をしながら髪結いをする者もある。彼らはいたって身代の軽い者たちであり、月々の出銭を求めては難渋するしまた困難であろうから、この願い出を取り上げるわけにはいかない。

髪結い仲間は番所駆け付けを利用し、奉行所に駆け付け御用を強調することによって仲間外の髪結いを排除しようと狙っているが、いずれも失敗に終わっている。

しかしその後も髪結い仲間の町方御用への奉仕願いが続いている。先の願書が却下された翌安永六年には、町年寄役所へ駆け付けて火事から御用書物などを避難させる「持除人《もちよけ》足」が実現しているし、一八一二（文化九）年には牢屋敷駆け付けが許可されている。このように髪結い仲間は町奉行所との特殊な関係を強め、町方寄りの強い職種とされているが、これも髪結い仲間による営業独占を狙っての努力にほかならず、すすんでこのような駆け付け人足役の負担を願い出ているのである。

駆け付け人足役の意義

これまで述べてきた桶職人や畳職人などの直役《じきやく》強化は、平時においても江戸城その他の幕府関係施設における需要がますます高まってきたため、職人そのものを大量に確保する必要があってとられた処置である。専門的技術を必要とする職人でも少数で済む場合は御用職人だけで間に合い、国役町へは代役銭（国役銭）を納めさせればよかった。また技術を必要としない人足などは、別に町ごとに人足数を割り当てなくても、代役銭を納入させて人足請負業者に賃金分を支払って調達したほうが能率があがったのである。

一七二二（享保七）年一一月、それまで国役人足を納めていた町は、すべて公役《こうやく》銀の納入に切り換えられることになった。負担額も表間口割にすることによって均等化がはかられたのである。松川町の場合は、町の総表間口は八六間半（奥行き一二間で総坪数一〇三八坪）であり、家持一四人が諸人足役を勤めていた。それがこのたびは、

松川町公役銀
総間数八六間半
壱ヵ年一五回勤めの積もり
此人足二五五人　但五間口壱人役
此賃銀五一〇匁　但人足壱人銀二匁ずつ
松川町御役人足賃銀高壱ヵ年銀五一〇匁
右之通り、翌卯年（享保八年）より三分の一ずつ、三月、七月、十一月の三度に納めること。

人足数の賃銀高をもとにして公役銀の額をきめ、一年分を三度に分けて納入されることになったのである。

このように一部の職人国役町を除き、ほとんどの町々が公役銀の納入になったため、直

役を課せられる職人の不満はますます強く、忌避する職人も後を絶たない状況が生まれたのであろう。また髪結い職人仲間のようにすすんで人足役を負担してくれる業種があれば、それだけ町方の支出が節約できるので歓迎したものであろう。髪結い職の両番所駆け付けが享保八年から始まったのも、町人人足役が公役銀の納入に変化したのと無関係ではないのではなかろうか。

親方職人と一般職人

親方と職人

一七一九（享保四）年、享保改革の手始めとして相対済《あいたいす》まし令というものが出されている。これは金銭貸借上のトラブルが奉行所に大量に持ち込まれて、他の重要な裁判に手が回らなくなったため、今後は金銭貸借上のトラブルは奉行所で扱わないから、当事者間の話し合い（相対）で決着せよという法令である。この相対済まし令に反対する立場から、江戸十組問屋《とくみどんや》仲間（大坂からの下り荷物を独占的に引き受ける江戸の問屋連合）から出された口上書の一部に、次のようなことが記してある。

職人らには相対済まし令は関係しないとお考えのようですが、そうではありません。諸職人にもいろいろありまして、たとえば金物職人の場合には地金を商人から渡されてこれに手を加えて製品にし、それを元の商人に渡すことでその手間賃で生活しているのです。指し物師の場合には山から出る材木や竹を借りてきて、これを製品に仕立てあげて商人へ渡して代銀を得て材料代銀を支払い、その残りの差引利益で生活しています。この他の職人もほとんどがこの様でありますので、金銭貸借ができなくなれば仕事に大きな差し支えになります。

これは居職人のほとんどが、商人や問屋または山持ち地主などから原材料の提供をうけ、手間賃稼ぎをしているということである。そのため相対済まし令で取引が不自由になれば「一切の諸職人が難儀する」と述べているのである。誇張もあろうが、享保期には問屋による原料・道具類、さらには生活費に及ぶまでの前貸しが職人に対する拘束として作用する、いわゆる問屋制支配が一段と進んでいることは明らかである。

また前述のように建築関係の出職人においても、入札による請負制が普及してきており、入札保証金を準備できる資金力のある親方が一括して仕事を請け負い、一般職人は下職《したしょく》として雇われるなど、親方と職人という階層分化が進むのである。この傾向は、先述の享保一九年の桶職人の訴状では、職人の没落の原因として出役負担の増加、原料の値上がり、倹約令による不需要をあげているが、この不景気現象は享保期ころから目立つものになったとみている。桶職人では表店住居の者は裏店へ引っ越し、裏店住居の者は「過半減少」としているが、減少といっても桶仕事そのものをやめたわけではあるまい。出役を負担する一軒前ではなくなったということであり、手間賃稼ぎや日雇い職人になって親方や店持層に従属する階層を構成するようになったものと考えている。原料や道具類から生活費まで支給されたりして、国役を負担する一軒前の職人ではなくなったものであろう。

畳屋の職人階層　元文五年の畳屋畳刺人別帳の作成についての調査では、畳屋の下に手間取・弟子・職人ら何人とあり、畳刺《たたみさし》の下に弟子・出居衆が何人と記入せよとあったが（八六ページ参照）、この畳屋および畳刺までが一軒前の出役負担者であり、その下にいる職人らは従属的な職人として出役は負担しない階層と思われる。すなわち畳職においては、畳屋・畳刺・手間取・職人・弟子・出居衆という階層に細かに分化していた事実が知られるのである。これは次のようなものであったとみている。

畳屋　いわゆる店持ち親方である。店を持ち、道具類を揃え原料を仕入れ、客からの注文を受けて、職人を使って畳を納入する。畳の製造と販売を兼ねるもので、むしろ商人的性格も持つ親方職人であろう。

畳刺　自立した畳職人である。店は持たないが、直接に注文を受けて出職する。顧客の家に出向いて仕事をしたり、幾つかの店持ち親方にまたがって下請け仕事をすることもあり、自らも内弟子を置いて仕事に連れ出して手伝いをさせたり、忙しい時には出居衆を置いたりすることもあったとみている。

手間取　店持ち親方のもとに出入りする下請け職人である。自分では店を持たず従って直接の注文は受けず、親方にあたる畳屋に従属して注文を分けてもらうことで、出来高払いの手間賃稼ぎをする職人であろう。親方から材料なども回してもらうなど、親方との出入り関係を保っているのが普通である。

職人　親方である畳屋の持つ仕事場で作業をする職人である。住み込みが普通であり、弟子から一人前になった場合や、他所からの入り込み職人の場合もある。親方との間には雇用関係をもったものであろう。

出居衆　他所からの入り込み出稼ぎ職人にあたるとみている。仕事場は持たないで忙しい職場を渡り歩いたり、出来高歩合制で稼いだりしている。雇用関係ではなくて臨時の手伝い人という不安定な立場であったとみている。

弟子　技術習得中であり、年季（一〇ヵ年ほど）中は衣食住の支給とわずかな小遣いだけであり、休みもほとんど与えられない。

このように、畳職では店持ち親方である畳屋が自分の店の職人や弟子に仕事を与えるだけでなく、畳刺や手間取にも仕事を回しているのである。この場合も注文が多いから回すのでなくて、初めから手間取の分まで仕事を引き受けて注文をとるのであり、店持ちは職人というよりむしろ商人または問屋的性格をもつようになっている。

このような職人の階層分化は畳職ばかりでなく、職人一般に成立しつつあるとみている。職人内部における階層分化は、親方と一般職人の間に利害の対立をもたらすようになり、本来は対等の立場のもとに構成されていた同職仲間の内部にも分裂をもたらすようになった。そして親方層は共通の利益を守るため、幕府などのバックアップを得るため公認の表仲間（株仲間）になる動きが出てくるのである。

石工店持組合の設立

一七七六（安永五）年に「石工《いしく》見世持《みせもち》人共」が組合の設立を願い出ているが、その理由として次のことを述べている。

先年からご当地江戸の組合仲間が話し合い、職人賃銀が高値にならないように申し合わせて家業を続けてきたのですが、何分内々の組合であるため、以前から大普請または大火などの節の手間賃抑制の申し合わせも行き届きかねて、賃銀を高値に取る者もあらわれるので……

まことに立派な理由をあげて組合の設立を願い出ている。しかし石工職人の仲間ならば手間賃の抑制を申し合わせるのはおかしいであろうし、職人としては手間賃の引き上げを望むのが普通であろう。手間賃の抑制を歓迎するのは町奉行所と、手間取職人を雇っている親方請負人層であろう。まさにこの願書は石工店持人という親方による組合設立の願書であった。

従来からあった内仲間は、職人技術者としての石工の仲間結合であったはずである。それが、石工においても親方請負人と手間取職人に階層が分化するようになり、手間賃をめぐっても利害が対立するようになって、店持ち親方だけの仲間を作りたいということであろう。そこで、従来からの内仲間では手間賃抑制という町触れの趣旨も守られなくなったという理由をあげ、従来からある石工の同職仲間ではなく、石工店持ちという親方組合の結成を願い出たのである。そのため、

素人で石方請負をしている者も、石工店持仲間へ加入いたさせ、地域別に組合を結成し、年行事を置くなどを決定し、冥加金《みょうがきん》を上納したい。

としている。たとえ石工としては素人（商人）であっても、石工事の請負人には仲間に入ってもらい、冥加金の上納で株仲間化（組合）しようという、職人というよりは商人請負

業者的な親方層の組合仲間なのである。それゆえ組合の最大の重点は「職人手間賃の抑制」と「職人共子弟の取締」ということにあったのである。

職人の内仲間が分裂し、親方と一般職人の対立が激しくなったため、冥加金の上納という犠牲を払っても、町方奉行所の権威と結びつこうとしたものである。この願書がどのように扱われたのか不明であるが、組合の設立は認められなかったとみている。

石方棟梁の冥加御用願い

一七八三（天明三）年に石方棟梁亀岡伊予（元禄一一年設定の石切方肝煎の家）から奉行所へ願書が出された。

江戸町中石工店持人共より、年々人数三〇〇人ずつを冥加のため差し出し、御本丸・西丸・奥向の小細工御用を相勤めたくお願いします。

とあり、今度は冥加金の代わりに年に三〇〇人ずつの冥加御用を納めることを条件に、組合の設立を認めさせようとしたものである。御用勤めならば石方棟梁の支配が回復するわけであり、石工親方層は石方棟梁と結ぶことで組合を実現しようとしたのである。

この願書に対して、老中水野出羽守より町方を通して石工の動きを調査したところ、次のことが分かった。

石工職人の儀は、いったいに細工が少ない稼業であるから、できることならば国役御用を免除してもらいたいと申し立てをしている。

石工たちの間には国役を拒否する意向が強いのである。そこで町年寄から他職人との釣り合いがあるから、勝手な言い分は認められないという説明がなされている。

石工たちの国役忌避の理由として「もし石方棟梁亀岡伊予のもとで働かされるならば、この上どのくらい使用されるか分からないので、国役御用職人三〇〇人分を手間賃に換算して金納にしたい」という申し立てをする石工もあって、町年寄は説得しがたいという申立てをしており、石方棟梁に対する強い不信感が示されている。町年寄に任せていたのでは埒《らち》が明かないので、町奉行が乗り出して石工仲間行事を呼び出して吟味した。石工行事の言い分は、

石工として国役御用に出役すれば、どのような使われ方をされるか分からないし、その上に亀岡伊予のもとで賃銀を引き下げられるようなことになれば、甚《はなは》だ難儀なことになります。

ここには石方棟梁に対する徹底した不信感が表明されている。そこで奉行所側では、もし将来において実際にそのような事態がおこったならば、その時点において訴え出るようにと「再三、利害を申し聞かせ、ようやく納得」させたのである。

一八世紀後半の天明期という時点において、奉行所命令の一方的な貫徹ということが困難になり始め、国役に対しても納得ということが必要となるような一般職人の抵抗がみられるようになっているのである。石工店持などの親方層は、一般職人との対抗上も自ら冥加金を納めてでも組合結成を認めてもらおうとするなど、石工棟梁と結びつく共通基盤があった。しかし御用勤めということになれば、石工職人全体にかかわる負担となるため従来からの石工仲間の激しい反発がなされているのである。

後年になるが、一八四二（天保一三）年の石工の動きとして次のことを伝えている。

石工職人の内、考え方にいろいろ違いがあって、御国役御用を断る者もでてきている。当時一七七人は国役を勤め、四八人は国役を勤めていない。

このように国役を拒否する石工が多数にのぼっていることを述べ、完全に二つに分裂している。職方棟梁による支配を忌避する動きは、石工に限らず、諸職人においても広く存在したと思われる。一般職人層を職方棟梁を通して統制しようとする意図を貫徹させることは困難な情勢になっているのである。

江戸建具職組合の結成

一七九三（寛政五）年に結成された江戸建具職組合の場合についてみることにしたい。これは「以来、見世持建具職三百拾人を惣仲間に申し付け」という店持すなわち親方層の組合結成の願書である。

国用または火災などの節、建具値段・手間賃をみだりに引き上げる申し合わせを取り締まるため。

弟子共が細工技術を習得すると、年季が残っているのに暇《いとま》取りあるいは欠落し、同職業者やその他へ雇われて勝手に稼ぐことができるため、どうしても弟子たちが勝手な態度をとるようになって難儀しているので、このたび仲カ間を結成して取り締まりたい。

ということと、

主要な目的は後者にあるとみているが、前者の手間賃値上げの抑制も「見世持職人」という親方層ならば、むしろ職人の賃銀が低いほうが利益になるのであり、領主側の物価抑制という関心と一致するのである。後者は弟子の年季内暇取りや欠落を防ぎ、職人の統制をはかるという親方層の共通利益を実現しようとするものである。このような「建具職仲間」が職人全体の利益をはかるためでないことは明らかであり、それだからこそ組合設立を願い出て表仲間になり、領主権力を背景として親方層の利益を守る必要があったのである。

なお、ここでは弟子（徒弟）は年季制度によって修業年限が決められているのであるが、徒弟制度が技術伝習という面を薄めつつあることに注意しておきたい。年季内に欠落しても自由に職分を稼ぐ技術をもっていることがこのことを示している。すなわち徒弟期間というのは技術習得の期間という面が薄れていき、長期間に設定することでほとんど報酬なしに安い労働力を得られるという、親方層の一方的な利益の追求のための期間ということにもなるのである。このため年季中でも技術を習得したならば、もっと賃銀を稼げる職場を求めて暇取り・欠落する者が出てくるのである。親方層は領主側と結んでそのような傾向を抑え、手間取り職人の自由稼ぎを防止して、出入りという下請け的な従属関係に置くことを望んでいたといえよう。

組合許可の意図　またこの時の建具職組合の結成については親方層の中でも異論が出ている。それは従来までの例では、組合が認められる代償として御用勤めまたは冥加金の上納を求められるからである。

このたび仲カ間を結成し、御作事方定小屋へ無償で職人を差し出し御用を勤めると願い出ましたが、右のような定小屋御用勤めは難儀であると多くの者が申し立てるので、御用は勤めないと仲間で取り決めました。弟子共の取り締まりだけをするということで一同が得心し、このたび印形を取って提出します。

定小屋御用は仲間内で反対が多いから、弟子の取り締まりだけをしてもらおうという、虫のよい設立願いとなったのである。

この願書は許可になったのであるが、幕府や町方の関心も享保期や田沼期のような御用勤め、または冥加金の徴収ということではなくなったとみている。寛政期は天明打ちこわしを経験したことによって、下層町人（一般職人や弟子層も含む）の取り締まりということを重視するようになったためとみているが、この点については後述したい。

ここでは、職人階層があまり分化していない近世前期においては、職人層全体の相互利益をはかる同業内仲間で問題を処理できていた。ところが、職人階層の分化が進展して親方層と手間取り層の利害が一致しなくなることで、仲間内で処理することが困難となって内部分裂をおこし、親方層は領主側と結んで表仲間（組合）となり、親方層の権益を守るようになったということを指摘しておきたいのである。

近世後期の江戸職人

寛政改革と職人政策の転換

職人対策から町人対策へ

従来までの幕府の職人政策の主目的は、国役《くにやく》と呼ばれる江戸城御用勤めの職人を確保することにあったといえる。初期においては軍事上の目的を中心にしており、やがて都市の発展と武士の生活向上にしたがって、これらを充足するものとしての役割を担うようになり、国役もそのような面から重視されるようになった。

そのためには、職人の自主的な仲間結合を黙認し、その組織を利用することによって、職方肝煎《きもいり》を通して御用職人数を確保する政策をとってきたといえる。それゆえ内仲間そのものについては、自主的なものにまかせ介入しようとはしなかったし、個々の職人を幕府行政が直接にとらえようとする努力も少なかったものとみている。

しかるに、内仲間自体も親方層と手間取層の利害が対立するようになると、内部分裂の傾向が強まってきた。また御用勤めを任務とする職方肝煎に対しては、一般職人がこれを忌避する傾向が強まって、従来までのような肝煎を通しての職人統制ということが困難になってきたのである。親方層についてはその権益を擁護することによって、表《おもて》仲間（組合）として幕府がとらえることは比較的に容易であったといえる。問題は国役も負担しないような手間取層をどのようにしてとらえるかということであろう。

手間取層や日雇い職人層をとらえる必要性を決定的にしたのは、天明凶作による地方民の流入と都市打ちこわしの激発であったとみている。この打ちこわしには、江戸下層民を構成する手間取や日雇い職人層が多く参加したであろうことは疑いない。寛政改革は凶作・一揆・打ちこわしに促されての対応策として実施されたものであり、江戸市中に対する政策も改革の一環として打ち出されざるをえなかったのである。すなわち職人政策というよりも、下層町人対策という視点から職人をとらえ直すという必要性に迫られたといえるであろう。

桶職人出役制の廃止

一七九四（寛政六）年、桶職人においては「今度御賄《まかないどころ》所御改正につき、桶類は一式御買上制になった」という理由により、「以来、職人共出役に及ばず」という従来までの出役制が廃止されている。

すなわち、それまでは桶役銭を組ごとに集め、その集銭によって出役職人を雇い上げて、桶大工棟梁の下で国役御用が果たされていたのである。それを今度は、桶職人二七組のうち組ごとに二名ずつの月輪番制による役銭集め係を設けて、役銭を年番名主に納めさせる。一方において「桶樽職掛《かかり》名主」というものを江戸中で八人任命し、年番名主からの役銭を受け取って幕府の賄方に納めたのである。すなわち、従来までの賄方—桶大工頭—組頭—職人という支配形態を、賄方—町年寄—桶樽職掛名主—年番名主—職人という支配に変えたのである。役銭の額は従来までと同額なのであり、強制的な職人出役が廃止されたことにより、一般職人は歓迎したものと思われる。

しかしこのことは単に役銭上納の仕組変更とか、職人負担の軽減を目指したとは思えない。改革の意図をもっとも強硬に打ち出したのは、組頭制の廃止である。組頭は二七組に一人ずつ置かれていたが、それまでは役銭を出さない特権をもっていた。しかし、「組頭をやめたのならば、他職人と同様に役銭を上納すべきである」と役銭の納入をわざわざ奉

行所で申し渡されているのである。さらに組頭廃止の意図を徹底するために、

これまでは、組頭職人の名前によって誰組と称してきたが、今後は人名による組名をやめ、一番組・二番組から二七番組とするなり、町名によって何町組とするなり都合のよい方に決めて、職人名簿を提出するようにせよ。

としている。従来までは組頭の名前を冠して誰組としていたことを廃止させ、何番組という番号でもいいし何町組でもよいから、組頭名をもつ組名だけはいけないということである。

この組頭は、一定の地域内における自主的な内仲間の事実上の中心になる職人であり、地域の有力な職人として世襲的にその地位を受け継いできたとみられる。その組頭を廃止する意図は自主的な仲間組織を否定して、直接に個々の職人を奉行所・町方がとらえようというものであると考えられるのである。

桶樽職の鑑札

町方による桶職人の把握の方法は、桶樽掛名主が役銭収納の際に押切印鑑札を交付するということである。

この鑑札は図3であるが、いわゆる職札として営業権を示すものであった。

職人鑑札は従来までは桶大工頭（桶方肝煎）が職権として独占的に交付し、職頭の権力

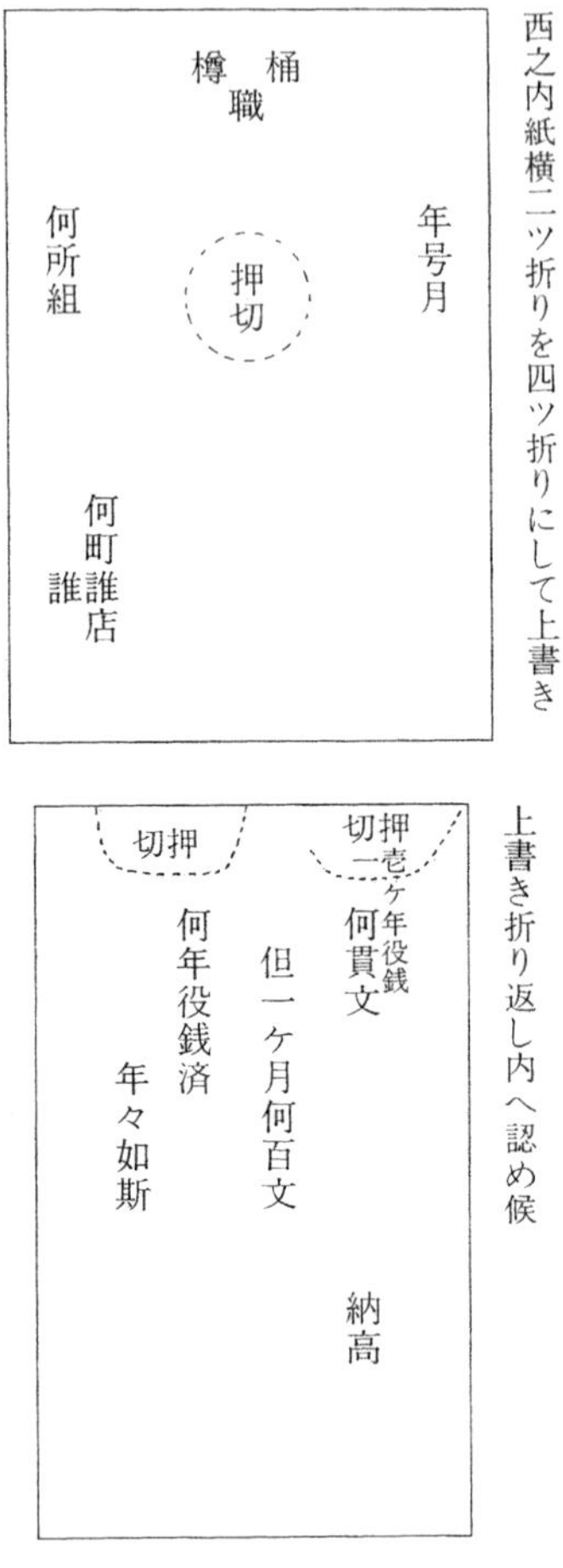

西之内紙横二ツ折りを四ツ折りにして上書き

上書き折り返し内へ認め候

図3　押切印鑑札雛形

の根源ともなり「桶大工頭が定めた同職業者間の居住距離に違反して近隣で開業した事により、桶大工頭が職札を取り上げる」というような職人支配の切り札的な使われ方をしていたのである。このような鑑札を町名主が交付するようになったことは、桶大工頭の権威を否定してまでも、町方による職人統制を貫徹しようとしたものに他ならない。

しかし桶大工頭はこの権利だけは固守し、従来通り鑑札交付をしたいという嘆願書を出したため、異なった二種類の桶職人鑑札が掛名主と桶大工頭の二ヵ所から並列的に出されることになった。しかし出役職人制でなくなった桶大工頭の権威は動揺せざるをえなかっ

たようである。一七九六（寛政八）年の町触れには、

鑑札を受け取って家業をするように、二年前の二月中に申し渡したのであるが、今になるまで鑑札を受け取りにこない者があると桶大工頭が申し立てている。改正によって桶樽職人は役銭を奉行所へ直接納めるようになったため、鑑札不要と心得違いをする者もいるようである。

二年経っても鑑札を受けない桶樽職人が多いことを示している。それも桶大工頭が奉行所に訴えて町触れで注意を促してもらっているのであり、職人掌握がまったくできていないといえよう。それも単に受け取りにこないというだけでなく、

鑑札を早々に受取るようにせよ。もしこの上にも拒否して鑑札を受け取らないと主張する者があれば、その者の名前を奉行所にまで知らせるようにせよ。

鑑札の受け取りを拒否する職人が出ているのである。桶大工頭が常日ごろから国役を世話していたため、職人側から忌避されたものと思われる。むしろそのことのために、この改正では町名主の中から「桶樽職掛名主」という諸色掛《しょしきかかり》名主を設けて、職人統制を再編成しようとしたのであろう。

町方による職人統制

寛政改革において、幕府が江戸町方支配を重視したことは、七分金《しちぶきん》積み立てによる江戸町会所《まちかいしょ》の設立、人足寄せ場の設置などによって明らかである。その一環として、職人などを含めた小町人の存在に対する配慮がなされたことは当然であろう。江戸町名主に対しては、一七二三（享保八）年にはじめて一七組に分けているが、さらに一七九〇（寛政二）年には一番組から二一番組までに分け、各組から計四八人の肝煎を任命して組内名主の取り締まりをさせるなど、町方支配機構の整備に努力をしている。また同年には町年寄の樽屋に対して「樽」という苗字《みょうじ》を認めていることなども、そのような意図と関連するものであろう。すなわち、町方支配は町奉行―町年寄―小口年番名主―各組肝煎―町名主という体系的整備がなされているのである。そして同六年には桶樽役銭取り集め掛名主として、浅草平右衛門町平右衛門・新両替町佐兵衛・浜町勘兵衛・安針町権左衛門・鈴木町源七・南伝馬町新左衛門・善右衛門・小網町伊兵衛の八人を任命している。世話料として「毎暮に手当として一人へ金五〇〇疋ずつ、並びに筆墨紙代として金一両余を役銭納入金の内より差し遣わし」ている。組合員の名簿を提出させ、役銭を徴集することによって、職人の掌握をはかったのである。

従来までの自主的な地域ごとの内仲間の組織に対し「これまで、桶大工頭共から申し付けていた事は、今後は行事が取り扱うようにせよ」と、すべて組ごとに二人ずつ輪番制で任命した月行事を中心に運営しようとしたのである。これは従来までは手の及ばなかった内仲間の個々の職人を、町方を通して一人一人を確実にとらえようとするものであった。すなわち国役御用を勤める職人ということでなく、町人一般としてとらえる意図を示したものとみているものである。

鋳物師組合　幕府賄所の改正によって、出役制をやめて買い上げ制にしたわけであるから、桶樽に限らず賄方に出入りする職種にはすべて適用されたわけである。

先述の石工見世持の場合は、一七八四（天明四）年以来石工三〇〇人ずつを国役として提供してきたが、一七九七（寛政九）年にいたって二二〇人ほどで組合結成を認めている。もっとも石工は作事方支配であるから、そのまま国役職人の提供はおこなわれていた。

鋳物師《いもじ》の場合は、寛政七年に組合を作り、名前帳を町年寄へ提出している。しかしこれは人数を制限しないという内容であり、人数の増減のたびに町年寄へ届け出ることが義務づけられていた。実はこの鋳物師については、これ以前の一七七六（安永五）年に御鋳物師真継《まつぎ》佐渡守が、全国の鋳物師支配権を再確認する全国触れを幕府に願い出た。

真継佐渡守儀、先祖より諸国鋳物師職の支配をいたし、免許状を遣わして職分を許可してきたところ、近年は座法が混乱し、国々鋳物師共が免許状を受けないで職分を稼いでいる趣につき、只今まで職分稼ぎの鋳物師に申し付けて諸国すべて相改め、座法の通りにするように仰せ付けられるならば、冥加として江戸城御台所御用の銅鉄鍋釜を一〇〇個ずつ毎年差し上げるようにしますから、どうぞ御触れをお願いします。

すなわち、鋳物師には「座法の掟《おきて》」というものがあるとし、その座法が無視されることが多くなったので、支配権の回復のため冥加物を代償に、幕府に御触れを願い出ているのである。従来までなら、座法の違反者には職法の名において職止めをおこなって秩序の維持を保っていたのであり、真継の支配権の低下は明らかであろう。この願書に対して、幕府は諸国を調査した結果として、同年に、

諸国支配の儀は往古の事と相聞く。現在まで継続しているものではなく、中絶したものである。今更に諸国に命じて、免許状を渡すということは認められない。

願書は受理されず、冥加物の受納も認められなかった。同時に提出されていた真継佐渡守の頼るべき証拠文書類も「往古の儀」と却下され、すでに効力を持たなかったのである。由緒による特権の主張はすでに望みえない時勢にいたっていることが示されている。幕府はむしろ商工業の直接掌握をねらって職頭の排除を望んでいたのである。「座法の掟」な

どという幕府権力外の同職組織などは、とうてい認められない存在なのであった。

寛政七年の江戸鋳物師組合の場合は、もちろん真継の支配下に属しておらず、町年寄に組合名前帳を提出することで結成が認められている。先述の寛政五年の江戸建具職組合の場合にも、同様に町年寄に名前帳を提出している。幕府の政策意図が窺われるといえよう。

板木屋組合　一七九一（寛政三）年板木《はんぎ》屋組合の結成が認められ、馬喰町組・日本橋組・浅草組・下谷組・山之手組に分けて名前帳を提出している。これは前年に出された出版取締令という寛政改革の政策と関連しその実現のためであった。

江戸における板木屋が初めて仲間を結成したのは、寛文年間（一六六一～七三）とされている。板木屋仲間が他の職人仲間より早く認められたのは、出版統制と関連したからである。一つには、暦の出版という幕府の権威を示す出版に関与したためであり、のちの暦問屋一一人の結成に先立って統制されたのである。二つには、違法出版物の統制は本屋のみでは不十分であり、板木屋を取り締まる必要があったからである。軍書類・歌書類・暦類・好色本類・噂話、その他何事も疑わしき板行を注文してきた場合は、御番所に届け出て指図に従うようにというものである。通油町板木屋甚四郎なるものが呼び出されて命じられており、「仲間一同が規定仕り」とあるので、この時に仲間規定が取り決められたものといえる。それより町年寄奈良屋へ名前帳を提出し、新規加入その他の増減を申告してきたが、一七六〇（宝暦一〇）年に類焼し仲間帳も焼失したとしている。一七七七（安永六）年には仲間統制が乱れ、新規加入もしないで勝手に板行するものがあるとして仲間の再結成を願い出るが、翌年には却下されている。田沼時代の板木屋統制は比較的寛容であり、天明期には武家方の注文に応ずるだけならば暦の類似品を板行してもよいとされている。

寛政《かんせい》改革が始まると、再び板木屋仲間結成の動きが出てくる。一七九〇（寛政二）年五月、幕府は奢侈《しゃし》・風俗・思想の統制のため出版取締令を出す。同一〇月には、風俗を乱す書物の出版禁止、言葉書きのある一枚絵の吟味を命じ、また地本絵双紙《じほんえぞうし》問屋に吟味のための行事を置くように命じ、問屋も二〇軒に限定している。このような動きに乗じて、板木屋たちも板行取り締まりのため組合を結成したいと申し出たわけである。

同寛政二年一一月、元岩井町伝右衛門店与八ら六人が行事となり、宝暦一〇年の類焼以来勝手次第《かってしだい》になった仲間組織を再建したいという願書を提出した。この時、町年寄の諮問に答えて「古来より仲間に加入してきているもの当時六二人、仲間に加入しないで板行彫《はんこうぼり》をしているもの八〇〜九〇人ほどに上る」ものと推定している。その中には「右の内にて素人《しろうと》も交じっているものと思われる」としている。板木屋仲間の結束が不十分であったことは明らかであるが、また困難な事情も多分にあったと思われる。

板木屋のなかには本屋の下職のような存在や、武士の内職者を含めて勝手に板行彫りをしている者も相当存在していたであろう。この時の町年寄の尋問に対し「板行は書物問屋・草紙《そうし》問屋からはもちろん、素人からであっても注文次第で何でも彫ります。ただし怪しい内容のものは仲間で吟味して、注文を断ることもあります」と答えている。このように注文があれば何事も引き受けるというならば、仲間に所属しないで独立して板木を彫る同業者は市中に相当広く存在しているであろうし、これを仲間に統制することは困難であったに違いない。また、この年一二月に京橋・日本橋の二名の板木屋が仲間惣代《そうだい》になっている願書が提出され、奉行所から先訴を無視していると叱責されている。このことは、先の六人惣代願書とはまったく別の組織があったことを示しているのである。

寛政三年二月、板木屋組合の結成が次のような条件つきで認められている。

(1)　以前からの出版取り締まり触書をきっと守ること。

(2)　組合の中に月行事を立て、組合の内で勝手な板行彫りをしないように、十分に取り締まること。

(3)　新規に板木商売を始めた者は組合に加入させ、転宅や印形変更があった時は行事の加印により届け出ること。

(4)　市中の板木屋はすべて連印し、名前帳を提出すること。

とりあえずは幕府の出版取り締まりに協力することを目的とした組合の結成であり、そのあとで同職利益を守るための仲間化をしようというのであろう。しかしこれではどこまで板木屋を掌握できたかは疑問である。同年八月の町触れには次のようである。

申し渡し

近頃、世間の噂事や火事の節の類焼場所などにつき、印刷して売り歩く者がいる。この板木は板木屋仲間加入者は彫っていないので、組合外の者の仕業《しわざ》に違いない。本屋仲間の改印も受けないで売り歩いている者で、たいへん不埒《ふらち》なことである。今後は板木屋希望の者は組合へ加入し、組合の申し合わせを守って渡世するようにせよ。

このような町触れが出されている限りは、独立して内職同様な板行彫りをしている彫師を、完全に掌握することは困難であったに違いない。

豆腐屋仲間　豆腐屋は自家製造と販売を兼ね、また零細な歩行《ほこう》売りも多数あって、寛政改革における物価対策と零細町人対策がよく示されているので取り上げてみた。

一七九〇（寛政二）年、町奉行所より豆腐の大きさを一定にし、値段も高下《こうげ》をなくして一様にするように命じた。これは町方のまったくの物価対策としての処置であったが、豆腐屋サイドとしては仲間結成の好機ととらえ、豆腐値段の監視と称して地域ごとの世話役を設置したのである。たとえば日本橋地域周辺では小口商売ばかりなので、原料である大豆値段が高下すると、小口商売の世話役が集会して相場相当の値段を決定し、町年寄に届け出て豆腐一丁いくらという触れを流すようにしたいというものである。これによって事実上の組合を作り、豆腐値段の決定権まで握ろうとしたようである。しかし豆腐屋は小商売であり、簡単に商売を始めたり止めることも可能であり、とくに振り売りをする歩行売り専門の業者もあるなど、当時一〇〇〇人以上という同業者が、世話人の決定だけで値段を変えるなど不可能な状態であった。

一八〇〇（寛政一二）年九月、市中一三人の触次《ふれつぎ》（世話人）が連名で、せっかく値段を決めて触れてもその決定に服さない豆腐屋があり、これでは改革の御趣旨に沿わないという理由で、豆腐屋仲間の結成願いを提出した。しかしこれは翌年却下されている。ついで翌々年に再び仲間願いを出しているが、仲間名前帳は却下されて受理されず、触次二八人の名前だけを町年寄に提出することになった。

　豆腐屋が仲間の結成に熱心な理由は、幕府の物価政策に協力しようというのは建前であって、もちろん本心ではない。触次の名前が町年寄に受理されたことに勢いを得て、一八〇五（文化二）年に「豆腐商売をしている店がある近辺一町四方は、同業者は遠慮して互いに立ち入らないように」という規定を申し合わせ、この規定に従わない者は町年寄から注意してもらいたいという願書を出している。仲間を正式に認めて欲しいという狙いが、この点にあったことは明白である。同業者が近所に開店したり、歩行売りが近辺を売り歩いては豆腐の売上に響くし、利益が減ることになる。仲間で商売を止めさせることはできないので、町年寄の権限で抑えてもらおうというのであるが、この願書も却下されている。その理由は「同商売の者共居住一町四方」という規定はあくまでも「仲間申し合いの自法」であって町方当局の介入すべきものではない。もしとくに不埒な者がいてどうしても困ることがおきたならば、その者を相手どって訴え出るようにせよ。自法そのものを承認するわけにはいかないというものであった。却下されたにもかかわらず、仲間申し合いの自法は事実上承認されたものと解釈したようであり、居住制限のほか安売り競争はしないなどという申し合わせをおこなっている。

この豆腐屋の事例にみられる奉行所側の同業仲間に対する姿勢は、寛政改革における物価統制（具体的には豆腐の大きさを変えたり、値段を引き上げたりする行為はさせない）をすすめる限りでは「触次」（世話人）の設置などは認めようというものであろう。先述の板木屋もその限りで仲間を認めたものであろう。しかし仲間本来の目的である「自法」という同業者の居住制限や競争制限などは認めないということである。とくに豆腐屋は零細な下層町人が多いのであり、そのような生業《なりわい》を排除するような方向は、寛政改革の町人政策からいっても最後まで認めるわけにいかなかったのである。同業仲間にとっては仲間加入者ならば「申し合わせによる自法」を押し付けることはできたが、仲間外の同業者に対しては有効性をもたないのであり、それが奉行所による仲間公認による取り締まり要望になるのである。しかしこのことについては、奉行所の承認は得られなかったという経過を示しているのである。

髪結い職仲間の公認

髪結い職人については、この寛政期にいたるまで髪結い仲間の結成が認められなかったことは前述した。一七九三（寛政五）年七月、次のような町触れが出されている。

町方髪結い共は組合を定め、役をも勤めて来たところが、近年は組合にも入らず無役にもかかわらず、方々へ入り込んで髪結い渡世《とせい》をしているものが増長し混乱をおこしている様子であり、たいへん不埒なことである。今後は組合へ入らないものは、髪結いを一切してはならない。もし相背《あいそむ》くものがあれば吟味の上厳重に処罰する。

これは髪結い仲間にとっては待望の町触れといえよう。これまで何度か無札無役の髪結いを取り締まって欲しいと願い出ていたが、零細な髪結い稼ぎに負担がかかるなどの理由によって却下されてきた。ここにいたって組合加入の髪結い以外は認めないという強硬な町触れが出されたのは、髪結い仲間の強い働きかけがあったのも事実であろうが、これは幕府の政策転換といえるものであろう。

江戸の大規模な打ちこわしを契機として発足した寛政改革としては、町方役人である町奉行所—町年寄—町名主による町人統制によって打ちこわし防止を強化する必要があった。髪結いは町奉行所や町年寄宅などへ駆け付け人足役を勤めるなど町方寄りの強い職種であり、また町の警護番人を兼ねる者も多いなどから、この際一人残らず統制の網に組み込んで打ちこわし防止に役立てようというのであろう。またこれは後述するが、髪結い職の内部が階層分化しており、髪結い稼ぎ場所権利保持者（これは髪結い職人とは限らない）とその場所代を払って実際に稼いでいる髪結い職人に分離している場合も多く、そのうちの親方的場所権利保持者による組合の結成ということである。その点では親方組合ともいえるものであろう。

新吉原髪結いの紛争

寛政改革が始まると、髪結い仲間も好機としてとらえたと思われる。一七九一（寛政三）年には「髪結い共の無札忍び稼ぎの者の取り締まり」を北町奉行所へ提出している。しかし仲間の内部には無札の髪結いを新規に加入させ、札を与えることになってしまうことを恐れて、反対する動きも出てきて内部で調整する必要も生じている。

寛政四年、新吉原町の髪結いの間で紛争がおこった。その年四月に髪結い仲間の規定を立てようとしたところ、髪結い一七人のうち七人が反対を申し立て、その調停のため町年寄奈良屋市右衛門が乗り出すが成功せず、町奉行所の吟味をうけることでようやく決着している。この七人はいわゆる札持ち髪結いであり、他の一〇人は貞享年中（一六八四～八七）に札持ち髪結いから場所を分譲されて髪結いを始めたとしている無札髪結いであった。この無札髪結いを仲間に加入させて札を交付するとなると、古札所持髪結いの優位性が崩れるという恐れであろう。町奉行所の吟味の結果、次のような取り決めをしている。

町内髪結い共の仕法、先年は取り極めがあったが、諸書物が焼失し、現在に至っては

人数の増減もあって不取締りになったので、今般仕法を相改めることにする。則ち取り極め書左の通り

一　札持ち髪結い七人の者は、これまで弟子数の制限はなかったが、今後は七人の者共全体で本人を含めて弟子数を五〇人に決めることにする。

一　髪結い一〇人の者は、貞享年中に札持ち髪結いから場所を分譲され、五人働きを認められてきたが、今後は五人を三人に減じ、本人を含めて三人ずつに制限し、都合三〇人で渡世をすることにする。また万事七人の札持ち髪結いの指図を受けるようにすること。

一　七人の者が、弟子の新規召し抱えや伜《せがれ》等を場所回りにした時は、行事がその者の身元を調べ、帳面へ記載し、もちろんそのつど名主方へ行事から届け出るようにする。

但し、入り込み稼ぎの場所については、髪結い惣人数を調べるため、名主より小札を一枚ずつ一人ひとりへ相渡し置くようにする。

一　七人の者が髪結い株を他人へ譲渡するときは、名主へ申し出てその上で譲渡するようにすること。

一　仲間行事は七人の札持ちの内から、一ヵ年に一人ずつ持ち回りにすること。

寛政五丑年六月

七人札持ち髪結い　連判
一〇人の髪結い　連判

これによると、札持ち髪結いはこれまで弟子（住み込みまたは下請け髪結い職人であろうか）数の制限はなかったが、今後は札持ちを含めて五〇人とし、無札の一〇人髪結いは全部で三〇人とし札持ちの指図をうけることが定められている。札持ち髪結いの優位は明らかであるが、稼ぎ職人数を全体として制限し総数を確定したことによって、同職の競争を排除して髪結い職の統制が可能になったことに意味があろう。

とくに町名主の介入が注目される。新規弟子などの身元調査や髪結い株譲渡への立ち合い、とくに髪結い人数を確認するためと称しての小札（鑑札であろう）を町名主から渡すようにしたのは、町方当局による髪結い職の統制を物語るものであろう。

髪結い稼ぎ場所の固定

寛政五年の町触れによって無役無札の髪結いが禁止されたことによって、髪結いは仲間による統制がほぼ確立されることになった。これによって以前からあった髪結い稼ぎ場所の固定は、もぐりの無札髪結いの排除によってますます強化されて、場所は一種の株または権利として確立し、高値で売買されるよう

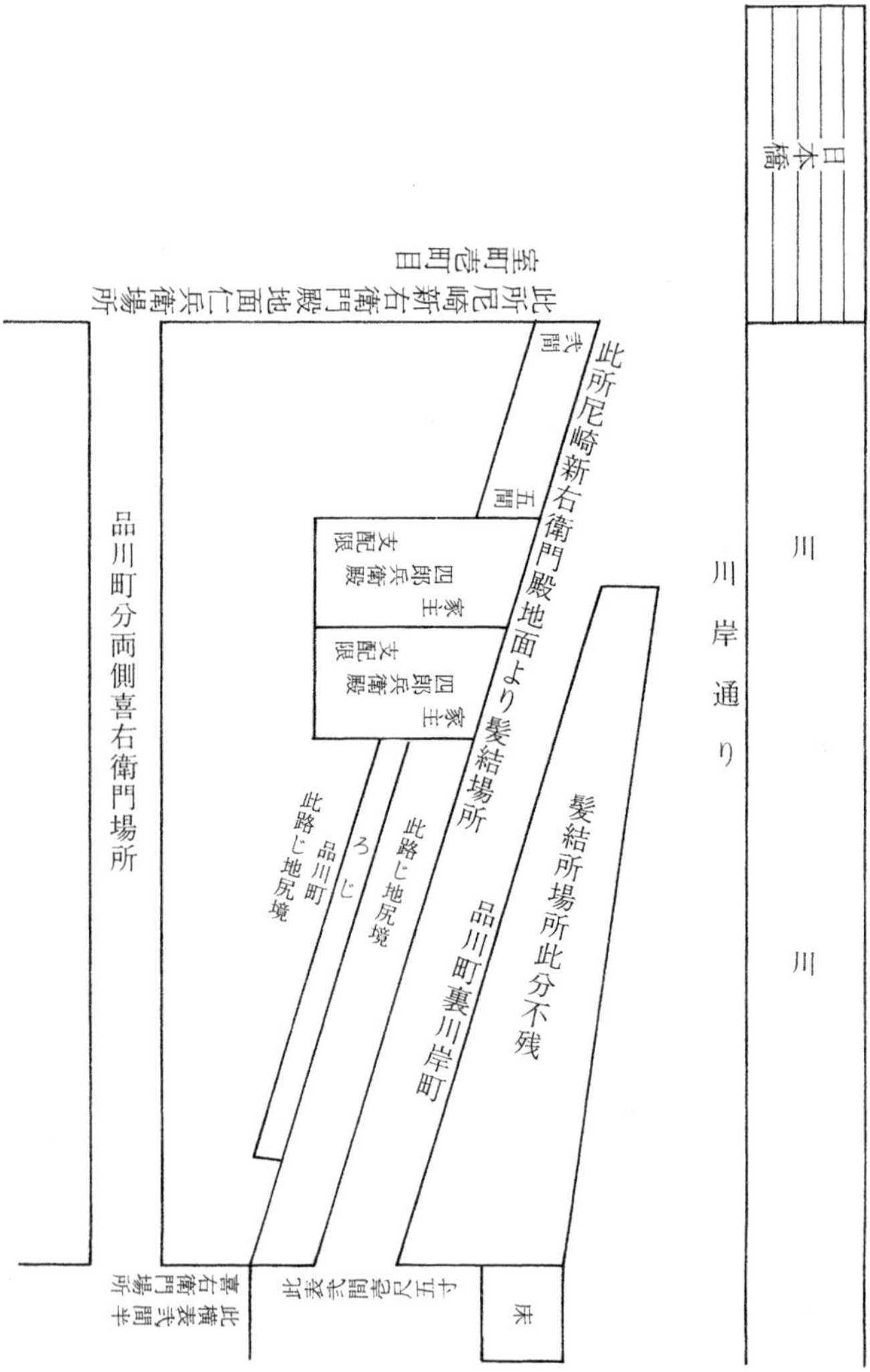

図4　証文添付の髪結い場所絵図面

になった。次は売買証文の一例である。

永代売り渡し申す髪結い場所出床《でどこ》証文の事

一　我ら所持の髪結い場所日本橋品川町裏川岸町北側残らず、同町南側並びに川岸通りへ折廻し四方残らずの髪結い場所二人前、並びに同所川岸通り両角髪結い出床一ヵ所、絵図面の通り都合三人前、御公儀様より下された万治札五枚並びに駆け付け焼き印札一枚、古証文一一通、絵図面一枚を相添え、このたび貴殿方へ代金四八五両で永代に売り渡し申す。

すなわち右の代金は、組合加判・行事立ち合いの上、只今《ただいま》残らず確かに請け取りました。しかる上は、右場所・床《とこ》について親類は申すに及ばず町内その外横合いより邪魔するものは一切ありません。万一右の場所・床につき横合いよりいかようのむずかしき出入りがおころうとも、当人はもちろん組合加判・行事がどこまでも出かけきっと埒明けますから、貴殿へは少しもご苦労をかけません。後日のためこの一札を入れておきます。

文化一三子年三月朔日

米沢町二丁目　売り主　長右衛門

品川町紋次郎店　組合証人　貴右衛門

本革屋町家主　　　同　　権兵衛
本小田原町庄七店　月行事　　庄　吉
おかた後見《こうけん》　源蔵殿

図4の絵図面によって、どこからどこまでが独占的な稼ぎ場所であるかをきっちりと分けている。これに組合証人二人と組合月行事が証人として立ち合っているのだから、組合が場所の区割りを管理していることは明らかである。組合と称しているが、これは地域ごとに存在した髪結い仲間が公認されたことで幕府用語の組合としたものであろう。この組合連合によって江戸市中全体の髪結い稼ぎの詳細な場所地図が作成されたものと考えている。

髪結い場所の株

髪結い稼ぎの場所割りが確定すれば、場所の権利さえ持っていれば生活が保証されることになり、稼ぎ場所が一種の株として売買されるようになった。前述の場所権利売買証文もその一例である。それも仲間の結合が強まり、町方当局による黙認から公認へと変化することによって、場所株の値段は値上がりを続けたのである。その一部は次のようであった。

小網町一丁目（出床一ヵ所、場所二人前）都合三人前

一七七八（安永七）年一〇月　金三〇五両
一七八八（天明八）年三月　金三一五両
一八二八（文政一一）年一二月　金六二五両
伊勢町（出床一ヵ所、場所二人前）都合三人前
一七四〇（元文五）年四月　金　七〇両
一七八八（天明八）年二月　金四〇〇両
一八三〇（文政一三）年六月　金五六〇両
本町三丁目場所三人前
一七八九（寛政元）年八月　金五〇〇両
一八二五（文政八）年九月　金七二〇両
瀬戸物町（出床一ヵ所、場所一人前）都合二人前
一七七一（明和八）年一一月　金二五〇両
一八〇八（文化五）年一二月　金三四〇両
一八二五（文政八）年九月　金四八〇両
一八三一（天保二）年二月　金五〇〇両

道寿屋敷（出床一ヵ所、場所一人前）都合二人前

一七一四（正徳四）年八月	金　一七両
一七二二（享保七）年六月	金　　七両
一七七九（安永八）年八月	金　八〇両
一七九七（寛政九）年三月	金一三〇両
一八二四（文政七）年一一月	金三三〇両
一八三五（天保六）年一〇月	金三二〇両

これは実際に売買された金額を書き上げたものである。これによると、一七世紀末の元禄時代ごろまでは自由稼ぎであって、場所の権利など成立していなかったのであろう。一八世紀に入っても正徳・享保のころは場所代が一〇両ほどなど、髪結い職人でも手が出せる金額であった。一八世紀後半の明和・天明になると急速に値上がりしており、とくに一九世紀に入る文化・文政期になると何百両という高値になっていることが知られるのである。これはもう職人層の手が届くような金額ではなく、むしろ一種の投資として資力のある商人らが場所株の売買をしているのであろう。すなわち、場所株を所有しているものはその権利を髪結い職人に貸し付けて親方となり、そこから揚銭《あげせん》と称する場所貸付金を納め

させ、この揚銭収入は相当な金額になったとされている。髪結い組合というのはこのような場所株所有者の集合体であり、一般の髪結い稼ぎをする職人層は揚銭を納める立場であって組合の加入者ではなかったのである。そして揚銭の額は株金の上昇にともなって値上がりしていった。寛政から天保にかけて株金がほぼ倍増したのにともない、揚銭もこれに準じて倍増したことが諸色掛名主の報告書に見られ、下職人の生活は株所有親方の収奪に苦しめられたものと思われるのである。髪結い同業組合はこの場所割りの維持を最大の目的とするものであって、一般職人層のために存在するものではなくなっていたのである。

寛政期の地廻り経済・技術の発達と江戸職人

上方技術の移植

江戸の主要な商品は、おもに上方からの下り荷によってまかなわれてきた。これは上方地方（京・大坂など）が技術的に優れていてその技術を独占していたからである。ところが一八世紀に入ると、技術独占が破れ地方へも技術が伝播《でんぱ》するようになる。とくに一八世紀後半の田沼時代から寛政《かんせい》期以降になると、その動きが顕著となる。同時に地方の農家でも特産物に手を出すなど商品生産がさかんになり、江戸の周辺でも養蚕業をはじめとして、いろいろな産物が作られるようになっていった。上方以外からの商品が江戸へ入るようになると、江戸でも一部の業種において流入産物の仕上げ加工部門を担当する手工業が現われるようになる。

一七二一（享保六）年の職人組合設立の当座の目標も、奢侈品《しゃしひん》の製造を組合を通して取り締まろうというものであり、江戸市中手工業の発展に対応したものといえよう。この町触れで具体的にあげている職種は、紺屋《こうや》・皮細工・小間物屋・錺《かざり》・鋳物師《いもじ》・塗師《ぬし》・仕立屋・薬屋・呉服屋等々全部で九六種にのぼっている。これらが江戸での加工・製造業なのであろう。

紺屋仲間　享保六年に組合結成を命じられた一つに紺屋職がある。この時は町奉行の命により江戸市中に一一組が作られている。組合結成の意図は、幕府政策の順守つまり華美な染め物などは引き受けないということなのであろう。しかし職人側の意図はむしろこれを好機として、単に幕府政策を忠実に実践するという受動的なものだけでなく、組合の結成に乗じて同業者仲間の利益をはかろうとしたものであった。

その節、仲間一同の申し合わせをおこなった。新規に商売を始めようとするか、または宅替えをする場合には仲間・組合の者へ相談して、周辺の同業者の商売に妨害とならない場所へ店を出すようにした。

これは同業者利益をはかる申し合わせになっている。しかもこの申し合わせは奉行所の承認とバックアップのもとに強化されているのである。

一七八〇（安永九）年、その仲間規定の効果を示すものとして、紺屋の新規開店に際して仲間申し合わせに背《そむ》いたとしての訴えが奉行所になされた。その結果、奉行所裁決として次のものが出されている。

深川坂本町代地町長助店《たな》　紺屋平兵衛

その方は、その地域の仲間行事や同業者にもことわらず、新規に紺屋を開業したことは認められない。支障がない他の場所で開業するならともかく、今回の紺屋開業は取りやめにするようにせよ。

仲間の立場が全面的に支持されているのである。実は職人の同業者利益を擁護する奉行所の裁決は画期的なものであったと考えている。先述の享保六年の町触れにもあったように、従来までは同業者利益を守るためには仲間内で勝手に営業ができないような妨害処置などをとっていたのであり、奉行所まで持ち込むようなことをしていなかったのである。だからこそ公認の仲間である必要がなかったのであるが、このたびの紺屋の場合は「前々からの仲間規定を何度も申し聞かせたのであるが、いっこうに承知しないで勝手に商売を始めたため」に奉行所へ訴え出たとしている。仲間内部の規制が無視される傾向が強まったために、奉行所権力に頼らざるをえなくなっているのである。このような現実が、幕府の組合設立令を積極的に利用して仲間利益もはかる好機としたのであろう。

建築関係の出職人などの場合には、比較的狭い範囲の得意先との顧客関係を守っていればよかった。それに対し江戸周辺の商品作物を原料として加工・製品化する職種などは、ある程度の市場生産をともなっているので、原料の確保や周辺からの製品流入に対処せねばならず、商人仲間と同じように株仲間化する必要があった。

木綿仕入れ染め紺屋の冥加染め

一八一〇（文化七）年、神田紺屋町ほか五ヵ町が冥加染《みようがぞ》めを願い出た。その内容は銀高二貫目分の冥加染めをおこないたいというものである。紺屋には前述のように国役染め物としての御用染めがあるので、この冥加染めはそれ以外に付け加えたものであろう。染め物が無ければ銀二貫目を冥加金として上納しようというのである。この紺屋は自ら「木綿《もめん》仕入れ染め紺屋」と称しており、市中に散在して注文によって染める「地細工染め屋」とは異なる渡世をおこなっている。仕入れ染めは木綿を仕入れてこれを染め、問屋や呉服屋へ納めているため、木綿生産地で染色されるのを防いで独占権を維持する必要があった。そのため紺屋仲間とは別に冥加を納入することで公認してもらい、表仲間になろうとしたのであろう。すなわち染め物屋といっても内部が専門的に分化することによって、その要望が異なるようになると、専門を同じくする業者が結束して別の仲間をつくり出し、元仲間との対抗上でも公認を得て表仲間化（組合または株仲間）するようになるのである。

紫染め物屋の冥加染め

江戸周辺の地廻り経済の発展と関連をもった職種の事例をもう一つみることにする。一七九六（寛政八）年に紫染め物渡世の一二人が「冥加のため、公儀御染め物は何品によらず、一ヵ年に金二〇両までの御染め物は無代にて染め上げたい」という冥加染めの願書を提出した。

願書によると、紫染めの原料は江戸近在で生産される紫染草を使用しており、一ヵ年におおよそ二〇〇〇俵ほどずつ買い入れてきた。ところが近年は出荷数が少なくなり、また値段も高くなったために紫染め渡世が困難になったとしている。その原因として、他商人が生産地へ出かけて仕入れ金を渡して値段を競り上げて買い取り、他国へ送り出すためである。紫根は奥州南部藩から出るものは山紫根《しこん》と称して薬種の原料に用いられていた。江戸近在のものは里紫根といい、願書によるともともと染め物屋によって栽培が始められ、近在へ商品作物として普及させ原料が確保できるようになったものとしている。しかるに薬種屋その他の商人が里紫根にも手を出して来て、仕入れ金前払いで買い入れるため、紫染め物屋が営業困難になったのである。そこで原料を独占的に買い入れる「里根出方引き受け問屋」を仲間一二人で作りたいという代償としての冥加染めの申し出なのであった。もし紫根が染め物原料に使用する分量以上に集まった場合には、他商人にも元値段に一割の口銭を取って売り渡したいという趣旨のものであった。独占買入問屋の設立の狙いは、紫根の需要が広がったために口銭収入を得ようとすることにあったものと思われる。

この願書に対し奉行所では、一二人の仲間のうち従来から買入問屋をしていた一人だけを問屋と定め、在方からの出荷品を全部引き受けることが認められた。仲間には元値段で分けることにし、薬種屋など他業者へも口銭を取らないで運送費などを加えた実費だけで分けるように命じている。その結果、冥加染めは不用であるとし、さらに紫染め物代もこれまでの半分に引き下げるべきであると命じている。奉行所側の関心は物価の引き下げにあるのであり、独占的な買入問屋は認めても口銭を取るようなことは認めず、染め物原料の確保によって染め代引き下げを実現しようというものであった。

この紫根は、薬種屋が仕入れに加わっただけでなく、農村にも貨幣経済が浸透していったため在方《ざいかた》へ加工部門も入り込み、農村加工業として普及することが原料不足に拍車をかけたものと思われる。寛政改革は大規模な江戸打ちこわしの洗礼をうけて発足したため、江戸の物価引き下げに重点をおいている。この場合でも原料の一手仕入れを紫染め物屋に認め、いったんは江戸に集めた後に他地方への移出を認めたのであり、そうすれば江戸の物価が少しでも下がるのではないかということである。この場合には冥加物などは問題にならず、むしろ免除することによって江戸の物価引き下げをはかろうとしたのであった。

市場生産の展開と職人仲間

幕府の職人政策が転換したことは明らかであろう。すなわち、いかにして国役または幕府御用を勤めさせるかということから、ここでは物価の引き下げという都市政策の一環として職人をとらえようということであることが判明する。

先述の桶《おけ》職人の場合も、原料値上がりと需要の減退による困窮を訴えていたが、加工過程が農村や在郷町に普及することになると、都市職人の仕事量が減少しまた原料値上がりによる収益の低下が考えられる。原料確保とか在方商品の売り出しに対処するということになると、幕府権力を背景つまり表仲間化しないと取り締まりができないのである。しかも紫染問屋の場合も、染め物職と自らは名乗っている一二人の仲間は協同で問屋を経営したいというのであり、事実上は商人的な親方層の仲間であって、一般職人層の利益を代表するものではない。だからこそ冥加物上納という商人株仲間と同じような方法において、特権の確保をはかろうとしたのである。

すなわち、注文生産を主体とする出職人などの場合には、地域的な内仲間でも十分効果を上げることができるが、市場生産に重点を置くような職種になると表仲間化が必要になるのである。その場合は職人が作り出した商品を集めて販売する問屋商人的な性格をもった親方層が集まって表仲間を結成するのである。そこで従来の内仲間は分裂して、親方層の表仲間（組合）とそれに従属する一般職人層という形に転換していく。このような動きは寛政期前後より次第に顕著になっていくものとみているのである。

天保改革と職人仲間

株仲間解散令と職人仲間

一八四一（天保一二）年一二月の株仲間解散令については、当面の目的である物価引き下げの効果をねらったという点では、江戸十組問屋《とくみどんや》をはじめとする問屋株仲間の解散が中心的課題であったことは疑いない。

職人の場合には、やや遅れて翌年四月に、

諸品値段の儀は、元方《もとかた》相場を見合い売買致し候えども、諸職人手間賃人足賃は元方に拘《かか》わらざる品なれ共《ども》、地代店賃《たなちん》引き下げ候に随い、商品はもちろん職人手間賃人足賃に至るまで、引き下げ候道理にこれあり候

一般の商品は元値段（仕入れ値段）があるが、職人手間賃や人足賃にはそれがない。し

かし地代や家賃が下がれば、その分に応じて賃銀も引き下げるべきだというのである。そのためまず問屋などの株仲間を解散して元値段を下げ、地代や家賃の引き下げを命じた後で、職人手間賃の引き下げを命じるという順序になったのであろう。また職人層はあくまでも地借・店借層であるということを前提にしていることも興味がもたれる。

しかし手間賃引き下げを事実上効果あらしめるには、表仲間化している組合はもとより、内仲間の自主的な規制力も排除して自由稼ぎの原則を保証しなければならない。そのためには、株札・問屋・仲間・組合など名称は何であっても、実質的に賃銀などを申し合わせ協定のできる組織はすべてを含めて廃止する必要があったのである。

江戸石工組合の場合

その点の具体的な動きを江戸石工《いしく》組合でみておきたい。石工店持は前章で述べたとおり、一七八四（天明四）年以来は年間三〇〇人の御用役を負担して組合を認められていた。そこで解散令が出された翌年三月に、作事奉行から石工棟梁亀岡伊予に御用役負担をどうするかを糺《ただ》したのに対し、「国役は組合仲間のためにするのではなく、国恩に報ずるためのものですから、御国役は相勤めます」という返答がなされている。この御用勤めを石工棟梁は国役《くにやく》と称しているが、石工店持の組合を認めてもらう代償としての冥加《みょうが》御用役なのである。組合が否定されれば冥加を出す意味がなくなるし、また御用役に名を借りて事実上の仲間的組織を残す意図かもしれないからである。そこで町方を通して石工の実態調査をすることになった。四名の町名主が「石工職人世話掛《がかり》」として調査結果を報告している。石工店持は一三組二二五人からなっているが、仲間解散令以後は「石工職人のうち、国役に対する考え方はまちまちであり、現在までのところ一七七人は国役を勤め、四八人は国役勤めを断っている」という分裂状況を伝えている。この報告を元に作事奉行としての結論を出した。それによると、解散令以後も国役を負担しているのは元大工町外三町の大工、大鋸町の木挽、白壁町の左官、桶町の桶職人などである。これらは国役町における職人御用であって「往古より国役を差し出し候」という職種であり、土地下賜にともなう国役であって仲間組合などの代償でないことは明白である。しかるに石工の場合は、市中に散在しているうえに、その御用負担の経過は親方組合を認めてもらうためであった。また素人でも石工請負をしている者を仲間に加えていること、および弟子の取り締まりを中心にしていることからも「このような内容を十分に考慮すれば、やはりどうしても仲間・組合と申す内容と判断される。このたびはすべての株式・問屋・仲間・組合等を停止しようとするものであるから、この趣旨に該当するものと判断する」と妥当な結論を出している。実質的に同業者利益をはかるための仲間組合であり、冥加御用を停止した方がよいという結論を老中水野越前守に申し出ている。勘定奉行もこの結論にまったく同意しているが、江戸町奉行は「石工の届け出をしたものは自由に商売ができるということならば、国役御用を認めてもよいのではないか」という意見を出している。この町奉行の意見が最終的に通ったらしい。誰でも自由に石工稼ぎができるという条件で、御用勤めは従来通り続けるというものであった。

仲間解散令のねらい

右の議論でも判明することは、幕府は実質的な仲間組合になるような組織は、すべて廃止しようとしていることが注目されるのである。相当綿密な実態調査の上に立って、たとえ名称や名目はどうであっても、実質的な申し合わせ機構、つまり「株仲間」の解散だけではなく触れ書にあるとおり「問屋・株式・仲間・組合」のすべてにわたっての同業者組織を対象にしているのである。むしろその点では、実質的な申し合わせ機構としては、内仲間そのものが解散の対象になったといえるであろう。地域ごとに自然発生的に成立していった自主的な内仲間そのものを否定し、自由稼ぎにしようとしたことはまさに画期的であったといえる。これは石工店持や建具職の動きに示されるような、地域的な内仲間の枠を乗り越えて親方層が結合をはかるなど、内仲間そのものが内部から崩れつつあるのに対応する政策でもあろう。また従来までの内仲間の組織を残していたのでは、物価引き下げという政策すら貫徹できないため、このたびは手間賃などの申し合わせをする母体にまで及ぼしたものであろう。もちろん仲間を否定する前提としては、一人前の権利を認められなかった多くの手間取職人層が存在しており、自由な稼ぎを保証することによって、手間賃引き下げが実現できるという見通しがなければならない。手間取職人層の存在をとらえない限り、幕府政策そのものも貫徹しえなくなっていることに注目しておきたいのである。

もちろん仲間解散の意味を物価引き下げだけにこだわるつもりはない。寛政改革においては、職人内仲間の組頭の権威を否定することによって、町方当局が内仲間を直接にとらえようとした。その延長上において考えれば、行政側が仲間構成員である職人の個人個人を把握するためには、今度は内仲間そのものを解散する必要があったといえよう。また日雇職人や入り込み職人が多くなれば、内仲間をとらえることがそのまま職人掌握にはならなくなる。そのためいったんは内仲間を解散し、日雇職人層＝下層町人層を含んだ形での網羅的な職人掌握・統制をはかる前提としての仲間解散ということになるであろう。

桶町国役銭

江戸市中に散在している桶職人に対する代役銭の上納は、仲間の解散令によって廃止された。これに対し桶町から上納されていた国役銭はそのまま上納が続いている。すなわち幕府賄所《まかないどころ》桶方御用を勤めるものとして桶町があり、国役として桶職人を提供しそれが銭納化されて国役銭となった。一方において桶職人の市中散在が進行し、その職人から代役銭が徴収されていた。ともに桶大工頭に納入され、その役銭をもって桶職人を雇い入れて御用を果たしていた。寛政改革の仕法改正で、両役銭ともに町名主が集めて奉行所へ納めそこから幕府賄所へ渡り、桶類はすべて買い上げ方式に改めたことは前述した。ここで解散令が出され、桶職人も市中散在の仲間が禁止となって役銭が免除になったのは当然である。御賄頭からこれでは桶方御用に支障があるという申し入れに対し、町奉行所では次のように答えている。桶町国役銭は従来通り納入させる。ただ納入方式は以前に戻って桶町から桶大工頭へ直納させることにする。それで足りない分については、御賄所で直接職人を雇い入れて細工させ、その賃銀については考慮するとしている。つまり国役銭は上納させ代役銭は廃止するということであるが、これは仲間解散の趣旨をよく示しているものと思われる。

桶町という国役町に対する負担は、初期には桶職人が集住して桶御用国役を消化していたのであろうが、この時期には桶職人もほとんど姿を消しており、桶町という土地下賜に対する代償としての国役銭の上納という実態になっている。職人の存在や仲間という組織とは無関係なものであり、仲間解散という趣旨からは対象外のものといえよう。それに対し代役銭は、職人の存在によって上納するものであり、地域ごとの仲間組織を通して徴集するものである。当然一定地域内の桶類製造販売の独占や値段協定を黙認することが、代役銭の上納には含まれていると思われる。このように役銭上納についても、一律に廃止しようとするのではなく、実際の効用を見定めて区別しているところに、天保改革の仲間解散令の政策意図が見出されるのである。

髪結い仲間の解散

仲間解散令によって、髪結い仲間も解散させられることになった。自由競争によって物価引き下げを狙った幕府の処置としては当然のことである。これによって仲間加入者である場所（丁場という）と床の所有者がもっとも打撃を蒙り、揚銭収入が入らなくなったといわれる。一八四一（天保一二）年解散令当時の髪結い床数は、次のようであった。

①出床《でどこ》　およそ六六〇ヵ所余。これは町境の道路、または橋詰め地や河岸地・広場などに町内持ちの番小屋を建て、そこで番人をしながらの髪結い床。

②内床《うちどこ》　およそ四六〇ヵ所余。これは町内借家の中を借りての髪結い床。

右はいずれも下職の者が床を預かって揚銭を差し出してきた。なかには株主自身が職分を稼ぐ場合もある。

③丁場　町家の間に境目を立て、髪結い下職の者がその場所を廻って家に上がり込んでの髪結い。床主に揚銭を出すのは同様。なかには株主自身が廻る場合もある。

床何ヵ所に丁場何人分を合わせて一株とする。

④組合　合わせて四三組。一組ごとに有力者を帳元と称し、組内の取り締まりを年行事がおこなう。

⑤札数　一〇〇四枚

揚銭がなくなったことで、髪結い下職の負担がなくなったわけではないようである。床や丁場は町に属しているので、町内が「番銭」などの名目をつけて揚銭することが多かったという。その銭は町内家主たちが分配して収入にしたので、株式所有者の床主が大きな打撃をうけたのであった。

また仲間の解散によって、両奉行所などの駆け付け人足御用も免除になった。これによって鑑札のように利用されていた駆け付け焼印改札も返上されることになって、まさに無役無札になり、髪結い取り締まりは不可能な状態になったといえよう。奉行所駆け付けは髪結いに代わって町名主が命じられている。さらに一八四六（弘化三）年には、北紺屋町彦右衛門他一九人とその配下三〇人、合わせて五〇人が物除《ものよけ》人足として奉行所・牢屋敷駆け付けが命じられている。駆け付けた時は賃銀を支払うとしているので、これらは人足請負人などでなかろうか。

囚人月代髪結い御用は、仲間が解散してもその必要性は残っていた。町年寄はこれはもともと髪結いの奉仕ではなく、町内から髪結いへ三〇〇文前後を支払っているいわば町役だから従来通りでよいのではないかと意見を具申している。しかし奉行所では町入用の節減による地代・家賃の引き下げも必要だからとして、今後は牢屋敷から直接に近辺の髪結いを雇い入れ、そのつど人数に応じて代金を支払うという方式を採用している。これによって髪結い仲間の奉仕的御用はまったく解消されたわけであり、旧仲間が髪結いたちを統制する手掛かりもなくなり、自由稼ぎという混乱した状況を迎えることになったのである。

近世末期の江戸職人

嘉永の仲間再興令と江戸職人

一八五一（嘉永四）年に問屋組合の再興令が出された。これは「諸問屋組合の儀、すべて文化以前の通り再興仰せ出され」というものであり、文化以前すなわち寛政《かんせい》期（一七八九〜一八〇〇）の状態に戻すということである。

仲間再興令の目指したもの

株仲間解散令は一八四一（天保一二）年に出されており、それが再興というならば天保《てんぽう》解散令以前の状態に戻すというのが常識的であるのに、天保はもとより文化・文政期の状態への復帰も否定していることが注目されるのである。桶職人の場合では「御府内の桶職人共の儀も、寛政度の振り合いに戻し」と寛政改革時への復帰再興を述べている。問屋仲間に対しては「問屋再興の儀は、文化度の仕風《しふう》よろしからず候故に、なかんずく寛政度の仕風にもとづき、追々お取り調べの上、人数などの御定め」をすると述べている。いずれも解散令の直前の状態に再興するのではなく、その五〇年前の寛政改革の時点に戻すことが強調されているのである。これは化政期の冥加金《みょうがきん》上納による特権的な株仲間による流通構造・市場統制を否定する意味であるという意見がある（津田秀夫「天保改革の経済的意義」『日本経済史大系』四巻）。たしかに冥加金の上納を否定し、届け出によって誰でも自由に営業させるという方式をとっているのであるが、私としては文言《もんごん》通り寛政度の仕法に復帰するということに意味があると考えている。

桶大工仲間の再興

桶職人の場合には、株仲間解散令によって中止されていた役銭が復活している。そして寛政度の役銭取り集め掛名主がこのたびは諸色《しょしき》掛名主として復活し、同じく八人（うち二人は同一人、他の六人は代替わりによる交代）が任命された。この掛名主は各組の行事から役銭を徴集して町年寄に納入するほか、このたびは職人の増減を取り調べ一ヵ月ごとの増減人数を報告させることにした。それと寛政度には桶大工頭とは別に掛名主からも鑑札が渡されていたのに、このたびは桶大工頭だけが鑑札を交付することになったことである。また組ごとの世話人である「行事」について、桶大工頭より組の職人のうち有力者を「触当《ふれあて》」と唱えて組の世話をさせていた者があった。この度右の名目では寛政度以前の組頭に似ているにつき、この名目を相止め……

と寛政以前までの組頭ということは否定しており、行事という名で一組に四人ずつ、二七組から合計一〇八人を任命している。仲間から行事の失費手当として代役銭の納入を免除してくれるように申請したところが、

寛政六寅年以前の組頭三三人は役銭を免除されていたところ、右寅年以来は組頭の名目を相止め役銭も組合員並に差し出すように命じられたご趣旨もあるので、今般行事一〇八人の者の役銭免除を申請するのはご趣旨の差し障《さわ》りになるのでなかろうか。

ということを述べている。役銭の免除は組頭的な特権になることを避けて、改革の趣旨に合わせるため結局一ヵ月ごとの役銭を納入することにし、あらためてその役銭分を失費手当として支給するというややこしい方法をとったのである。

すなわちこの組ごとの行事は、寛政以前にあった組をあらゆる面で代表した組頭という存在ではない。一組に四人ずつと人数も増えたし、役銭徴集という役割に限定されるような職務内容といえる。しかし実際には「重立候者」という有力な親方職人を行事に任命しており、桶大工頭の権威を復活させるなど職人仲間の実態をある程度考慮したうえで、町

方当局により職人統制を実現しようとしたものであった。内仲間として同業者利益をはかっていたものを、表仲間化して町奉行所が仲間規定の擁護を保証したことによって、職人の完全な掌握をはかろうとしたものであろう。

桶職人表仲間化の効用

桶職人が表仲間になったことにより、次のような訴訟文書が出されることになった。

一八五二（嘉永五）年五月、赤坂組・坂本組行事と四人の桶樽役銭取扱名主が連名で町奉行所を宛所《あてどころ》とした訴状では、「桶大工頭細井藤十郎より申し付けた職法に背いたため、職分を差し止め職道具を取り上げたところ、それ以来は無役にて勝手気ままに職分を稼いだ」という赤坂裏伝馬町の松五郎と、「御国役を勤めかねるという理由で休業を申し立て、職札を桶大工頭へ返上しながら勝手気ままに職分を稼ぐ」千住宿の彦太郎を訴え出た。

赤坂裏伝馬町弐丁目伊兵衛店《たな》松五郎の返答書

私は同町新兵衛店で長年職分を稼いでおりましたが、六ヵ年以前の申年《さるのとし》に類焼し、その後およそ二〇間ほど離れた現住所に移りましたところ、桶大工頭が決めた同職住居間数に違反したとされ職札を取り上げられました。しかし無札で稼ぎを続け役銭も上納しませんでした。そこでこのたび行事並びに掛名主から訴えられ、今日奉行所に呼び出され、国役不勤の咎《とがめ》を受け重々恐れ入りました。今後は桶大工頭からいわれた通り住居間数に違反しない場所に引っ越しをして、組合行事を通して職札を受けるようにし、これまで不納分の役銭は来月二〇日までに行事へきっと渡して皆上納しますので、これまで心得違いの段は御慈悲を願い上げます。

武州足立郡千住宿四丁目家持彦太郎の返答書

私は年来桶職を稼いでいましたが、近年病身のため国役上納が難渋し納め難いことを行事へ申し上げました。そこで行事並びに掛名主から御番所へ訴えられ本日出頭することになりました。千住宿内での居職のみで稼ぎ、江戸市中への出稼ぎはしませんので、国役銭の上納はしなくてもよいのではないかと心得違いをしていましたが、職法の定めではもともと関八州の国々桶樽職人はすべて国役を勤めるべき所であり、とくに市中稼ぎも入り交じる宿場のため従来より宿方職人共は国役を勤める職法になっていると教えられ、これまで心得違いの段は重々恐れ入りました。そこで行事共を通して桶大工頭へ頼み職札を受け取るようにし、これまで不納であった役銭については来月二〇日までに差し出して皆上納します。また今後は職法で定められた役銭はきっと上納しますので、どうぞご慈悲を願い上げます。

これによると、松五郎の職法違反の内容は、長年稼ぎ場としていた住居が六年前に類焼したため、そこから二〇間（約三六メートル）ほどの距離の場所に引っ越した。ところがそれが「同職住居間数」に違反したとして桶職を禁止され道具を取り上げられている。すなわち桶職のような製作と販売を兼ねる居職の場合には、同職者が近所で開業すると競争もおき売上利益も減少することになる。そこで同職者は近辺一町（六〇間）以内は新規開業はできないという職法なるものを協定し、同業仲間員の既得権を守ることにしたのであろう。問題はそのようなことは従来までは仲間内で処理し、職分稼ぎを禁止し職道具を取り上げることで一件が落着したはずである。この場合はこのような処置をとっても「同職のものより申し聞かせても聞き入れず」にその後も桶職を続け、そのため町奉行所へ訴え出なければならなくなったことである。仲間内の自主的な規制力が効果をもたなくなっていることが示されているのである。それに対し奉行所の吟味では一も二もなく恐れ入っているのであり、ここに表仲間となった最大のメリットが示されているのである。

千住宿家持彦太郎の場合も、宿内で居職で稼ぐなら江戸市中の桶仲間の支配や規制を受ける必要がないという自己判断であろう。さすがに町奉行所の権威によって恐れ入ることになるが、本心では江戸仲間に対する不満は当然残されていることであろう。

町奉行所側の意図は、もちろん仲間の利益を擁護してやろうというものではなかろう。職人の取り締まりを強化する目的で、仲間的利益を擁護することによって職人の掌握・統制を果たそうというものであろう。そのため仲間再興令においては、自主的な仲間組織の再建願いをそのまま認めたわけではない。いつでも望みの者は新規加入を認めるという条件つきであり、幕府の統制が加えられる形式での再建ということであった。

石問屋と石工

石問屋一三人は一八〇九（文化六）年に、日本橋川筋のうち一石橋《いちこくばし》から江戸橋までの間を冥加《みょうが》浚《さら》いと称して、定期的な川浚いを願い出て許可を受け、その際に石問屋名前帳を町年寄に提出し、その後の加入や譲り替えなどの異動を登録してきた。しかし天保一二年の仲間解散令によって冥加浚いも中止になったという経過をもっている。そこでこのたびの組合再興では、文化度以来の名前帳提出という実績をもとにして、石問屋仲間を認めてほしいという願書を提出した。ところが奉行所では「右は文化以来の仲間実績であり、この度の再興の対象にはならない」という理由で却下している。

そこで石問屋側は、一七九五（寛政七）年に深川洲崎の空き地へ石榜示杭《いしぼうじくい》を建立した時に、石問屋一三人が冥加として無代で奉仕し奉行所よりご褒美をいただいた。その詞書《ことばがき》の中に問屋と記してあり、文化以前から仲間的組織があった証拠であるということを持ち出して、石問屋仲間を認めさせている。ここでは寛政度にすでに仲間組織をもっていたものは認めるが、その後に成立した仲間的なものは認めないという町奉行所の方針が示されている。

石工《いしく》店持については、前述までのように一七八四（天明四）年以来、石工三〇〇人ずつを国役として作事方へ差し出してきたという実績によって、今後は組合の設立、名前帳の提出ということが問題なく認められている。「冥加のため」という奉仕活動が、いつかはこのような実益に結実するであろうという遠大な計画がようやく実ったという感が強い。

豆腐屋組合は不許可

株仲間の再興令が出されると、豆腐屋では歩行《ほこう》売り（振り売り）をめぐってトラブルが続出している。豆腐屋仲間は再興令を好機として、同業者間の競争を排除するため歩行売りを禁止する協定を結び、議定連印までおこなっている。そして協定を無視して振り売りした者の商品と商売道具を取り上げたため、トラブルとなったのである。たとえば次のような訴訟文書が見出される。

恐れながら書き付けを以《もっ》てご訴訟申し上げます

芝通新町藤兵衛店清兵衛が申し上げます。私は年来豆腐渡世をしていますが、私の住居周辺は土地も狭く家数も少ないため、店売りだけではなかなか生活も困難なため、先年から毎日朝・昼・夕の三度ずつ近辺町々へ売り歩いて商売をしてきました。ところが当月五日朝売りに出て帰ろうとしたところ、赤羽根辺を通りかかりました時に芝森元町与七店吉兵衛という同業者と他に二人が出てきて、何も言わずに突然に殴りかかり乱暴しました。私一人に相手は三人なので抵抗の仕様がなく、その上で商売道具と売上銭を奪い取られました。そこでどういう理由で乱暴したのか尋ねましたところ、ご公儀様によって豆腐渡世の者共株式を認められ、これによってこの近辺で商いは一切しないという協定を結び、先日豆腐屋共が調印してお上へ差し出したところ、今日この辺で商いしているのを見かけ荷物を取り上げたと申します。どのように申し入れても商売荷物を返してくれません。（中略）どうぞ、ご慈悲をもって相手の者を呼び出し、商い荷物を返して今後このような乱暴をして渡世の差し障りにならないように申し付けて下さい。以上。

嘉永四亥年九月一二日

願人　清兵衛　印
右家主　藤兵衛　印

御奉行所様

これは組ごとに販売場所を協定し、組外の同業者が売り歩くことを禁止する申し合わせを破ったということが問題になった訴訟である。居商売のみで振り売りを禁止するとか、他組の売り場所へ立ち入ることを禁止するとかの仲間協定（仲間自法としている）が、はたして有効性をもっているかどうかが訴訟の焦点であろう。豆腐渡世といい天秤棒による振り売りといい、いずれも零細な商い渡世の問題であると同時に、日常食品として広く親しまれている豆腐の売り値段にもかかわる問題なのであった。

これに対する奉行所側の判断は明快であり、仲間側の要望はすべて却下されている。その理由として次のように述べている。

豆腐屋共に対しては、これまでも触次世話人は認めてきたが、豆腐屋ども一同の組合は認めてはいない。

このたび問屋組合の再興を仰せ出されたのも、文化度のように株札等を交付するのではなく、同業者人数の増減は勝手次第としている。そこで不合理な申し合わせや商売を手狭にし窮屈にするような仲間自法は決して認めていない。どうしても人数を限定しなければ支障があるという時は、十分に吟味して明らかな理由がなければ容易には認めないのである。
そのように心得るように申し渡しているので、従来からの自法を確認して渡世が手狭で窮屈になるならば、今般の再興令の趣旨にも反することなので自法を認めるわけにはいかない。触次世話人共も仲間再興だからと称して古来の自法帳をもとにして新規の自法帳を作成するのは、まったくの心得違いといわねばならない。そこで右の自法帳は早々に破り捨て、勝手な仲間規定の連印は無効とするように町年寄に申し渡すのがよいであろう。

豆腐屋仲間の要望としては、古来からの仲間自法として一町（六〇間、一〇九メートルほど）四方には同業者を開業させない、また振り売りの禁止、他組の範囲内への越境売りの禁止などであろう。しかしこのことは奉行所の方針である自由な競争による物価安定をはかるという政策に反することであり、とうてい認められなかったのである。

しかしその後も、一八五九（安政六）年二月には豆腐屋触次世話人以下の四六人が、値段の高下の節に相場書を張り出すことを復活させたいと願い出、同年一二月には豆腐屋触次惣代が同様の相場書の書上《かきあげ》を願い出ているがいずれも却下されている。一八六〇（万延元）年にも豆腐渡世惣代が不当な商いが増えているとして仲間議定を認めてほしいと願い出ているが、これも「商売を手狭にする目的」と判断され、最後まで組合を認めることはなされなかった。

この万延元年七月には、湯葉屋一九人が組合を認めてもらいたいと願い出ている。この仲間は一八三〇（文政一三）年に許可をうけたが、解散令によって潰《つぶ》れていたものである。再興理由として「江戸城の御膳御用を勤めているので、御用向き込み合いの節は相互に協力しなければならない」としている。しかし組合設立は文化以後のことであり再興の条件に合わないこと、また同じような理由で一八五七（安政四）年に市中菓子屋組合が設立を願い出たが却下されたこともあげられ、湯葉屋は組合を作らなくともとくに支障があるとは思われないと却下されている。

髪結い組合の再興

一八五一（嘉永四）年三月に仲間再興令が出されると、床主による旧髪結い仲間は再興に動きだし、五月には有力床主四九名（旧市中髪結い組合四九組代表）の連名による要望書が出された。その趣旨は解散令以後潰れた床が多いという理由で、①町内家主によって揚銭が奪われたり、番役を押し付けられたりしているので床主の権利を回復したい、②解散令以後に新規に髪結いを始めた新床が七〇〇軒ほどに及び、自由稼ぎをしているので、元床主（場所持ち主）が相当の揚銭を取るようにしたい、③廻り場所（丁場）が乱れているので境目をきちんとしたい、④古来のとおり奉行所・牢屋敷・町年寄衆への駆け付けを復活し焼印札を下付されたい、というものであった。これは旧床主の要望であったが、だいたいこの方向で再興がすすめられていった。

同年六月には、諸問屋再興掛から諸色掛名主たちへ次の申渡書が出された。①古床と新床の当事者同士の話し合いは混乱することは必至であり、公事出入りが予想されるので当分棚上げとする、②町内家主が髪結い職人から揚銭を取っていた分は不正であるが、あまり追及しないで今後は止めさせるようにする、③再興令以後の新床は全面的に禁止する、という方針が出されている。

七月に入ると、市中髪結い組合の決定として次の具体案を奉行所へ申請してきた。

(1)　下職より受け取る揚銭は、去る子年（天保一一）中までの額よりも三割減とする。

(2)　新床の揚銭については三割五分減とする。

(3)　髪結い賃の引き下げも左の通りにする。

床、一人一度結い。銭二八文のところ、銭二〇文へ引き下げ。二割八分減。

廻り丁場、一ヵ月一五度結い（隔日）。銭四〇〇文のところ、銭三〇〇文。二割五分減。

右同断、但し六度結い（五日ごと）。銭一四八文のところ、銭一〇〇文。三割減。

揚銭の引き下げでは新床の割り引き率を高くし、同時に髪結い賃も引き下げて幕府の物価引き下げ令に迎合しようというものである。床内の目立つ所に「御壱人前壱度結　銭弐拾文」という、長さ一尺幅五寸の木札を掲げるとしている。

この提案を受けて諸色掛名主はこの線で妥結をはかることにした。それも元床主と新床髪結いや家主の間での直談《じきだん》を避け、組々名主から双方へ申し諭《さと》して示談で決着させるように命じている。また下職である髪結い職人の懐具合も調査し、天保一二年までは年々髪結い株譲渡沽券《こけん》金高も値上がりしそれにつれて下職からの揚銭も引き上げられてきた。それが髪結い賃は二割五分〜三割まで下がるが、揚銭も三割〜三割五分引き下がるので難渋することはないだろう。また床持ち主も揚銭が引き下げられた上に、近年は町々によって番役の負担をかける所も出てきているので、解散令以前の揚銭よりも事実上半減するのではないか。揚銭収入が減少すれば髪結い株譲渡沽券金高も引き下げられるだろうし、万事好都合だとしている。なお再興令が出た嘉永四年当時の髪結い株沽券金高は、江戸四八組のうち沽券状所持分九五二通で金高二九万六九七四両、この他に草分《くきわ》け沽券状は金高がなくて四九通と消失・紛失などが六通あり、合計一〇〇七通の沽券状が存在していた。このような三〇万両を超えるような莫大な金高になる資金力をもつ床持ち主たちの圧力は、奉行所の組合再興の方針に大きな影響力をもったであろうことが予想されるのである。

髪結い組合再興をめぐるトラブル

このような方針で髪結い組合（いわば床主組合）の再興をすすめていったが、個々のトラブルは名主が介入し、処理できなければ奉行所へ持ち込んで御威光で承服させるという手段をとった。しかし揚銭復活に対する髪結い職人の不満は大きく、各地で反対の動きがおこってきた。一つは古床預かりの髪結いである。八番組諸色掛名主の報告によると、芝口組・同所大門組の古床髪結いたち全員が床店を休業にして八月七日に水茶屋で寄り合いをおこなった。今度の処置は揚銭が復活したうえに髪結い賃を二〇文に引き下げるということでは難渋する、そのための集会ということである。一斉休業という激しい行動をとっており、名主は不穏当と決めつけて今後はこういうことのないように厳重な申し渡しをしている。

解散令以後に新規開業し自由稼ぎをしていた新床髪結いの反対は激しかった。とくに九月にはいって古床主惣代が奉行所・牢屋敷・町年寄衆駆け付け御用の復活を申請し、「私共一〇〇七人の者共で駆け付け御用を勤めたいのでお願い申しあげます。（以前のように焼き印札を交付していただきましたならば、人数の中からやりくりして勤めます。新床の六七二人は（焼き印札もないはずだから）駆け付け御用は勤めさせないし、弁当その他の入費もいっさい割り当てしません」とあり、新床六七二人は一切排除するということである。新床は無役無札ということで、自立した髪結い職としての稼ぎは認めないということを意味しているのである。この申請を奉行所が許可して焼き印札を交付し、仲間名前帳を作成するなどの既成事実を積み上げていった。これに対する反対の動きは次のようであった。

A　新床常吉（新床帳元《ちょうもと》年行事《ねんぎょうじ》と称す）・彦兵衛・三次郎（同月行事世話人と称す）ら三人が新床渡世者を集めて寄り合いを開き、①床主へ揚銭を出さないこと、②役所駆け付け御用を負担して髪結い仲間への加入を求めること、③髪結い銭を一六文に値下げすること、④新床一軒につき一ヵ月二〇〇文ずつ積み立て今後の古床との出入り訴訟に備えること、などを決議する。

B　新床房吉ら三二人が会合し、新床稼ぎの髪結い下職のみによる新株の結成を談合する。

C　名主より古床持ち主らの示談内容を申し諭し中、新床勝次郎が示談に応じられないと途中で退席し、さらに往来より古床共の悪口雑言を叫び、外新床の者共も引っ張り出して騒ぎ立てたこと。内容は揚銭迷惑・髪結い銭一六文など。

D　新床政吉ら二人。生活が苦しいという理由で、古株持ち主の下に入ることは了承するが揚銭用捨を申し立て、揚銭を一切出さないこと。

E　新床竹次郎ら七人。掛名主らの申し諭し談合の水茶屋へ石を投げ込み妨害したこと。

その他、反対の会合が各所でもたれたことが名主によって報告されている。結局新床組々惣代三七人の名前が書き出され、名主ら一同も呼び出されて、さらに組合再興の趣旨をとくと惣代の者へ申し含めるということをしている。

新床側の主張は次の点にあった。

(1)　今まで揚銭を出さずに自由稼ぎをしてきたのに、今後揚銭を徴収されたのでは難渋至極である。

(2)　揚銭を出さない代わりに、髪結い賃を一六文に値下げする。これは幕府の物価引き下げの趣旨に合致することではなかろうか。

(3)　今度の組合再興は「すべて現在の姿を以て再興」という趣旨であり、古床主のみの再興は政道の趣旨に反するのではなかろうか。

(4)　揚銭に反対するのは単に金銭上の問題だけではない。揚銭によって新床はすべて古床主の下職となり、彼らから「下職」呼ばわりされるのは我慢できない。新床も駆け付け人足役を勤め焼き印札を下付され、自立した髪結い職として認めてもらいたい。

このような新床側の主張は妥当なものであろう。他業種では解散令以後の新規業者は、新組として自立した営業と組合を認められている。髪結いのみ新床を認めないとすれば、これには古床主の資金力があったのでなかろうか。古床主らが五〇〇両の金を元株主から集めて掛役人へ賄賂《わいろ》を贈ったという噂が流布され、奉行所をあわてさせている。

名主の説得工作によってようやく示談がすすんでいった。新床の揚銭は三割五分引きということであったが、それで示談になるのは稀とされ、六割〜八割下げも多分にあり、どうしても示談に応じないものは奉行所に呼び出して吟味する、ということで反対を抑えていった。しかし捨て訴・張り訴が次々とあらわれ、さらに国五郎ら三人は老中松平伊賀守へ駕籠《かご》訴に及び、また伝兵衛ら三人は北町奉行所への駆け込み訴訟に及んだ。しかしこの六人が江戸払いの処罰をうけるにいたって、表向きの反対運動は鎮静化していった。

嘉永四年一二月には、髪結い組合四八組の行事連名で、次の願書が出されている。

（前略）今日行事共一同相談いたしましたところ、先だっての示談後は追々日も短くなり寒気も強まって、日々の稼ぎ方も手薄になる時節になり、殊にいまだ人気が直りませんので、古床・廻り丁場はこれまでの仕来り通りとして、新床の分は揚銭を一切とらないことにして、当年中は勘弁して来春より相当の揚銭を受け取るようにしたい。これは床持ち主一同のお願いですのでお聞き届け願いたい。

この願書は奉行所や名主の説得もあったのかもしれない。冬の間は新床からは揚銭を一切免除したいということである。「いまだ人気が直りません」という新床の不満を考慮したものであろう。また示談の内容が三割五分引きに治まらずまちまちであり、示談が成立しても納入しないものもあるなど不統一状態なので、いったんは揚銭を中止し床主の足並みを揃える必要があったとみられる。

翌嘉永五年五月にいたって、当四月分より徴収したいと願い出ている。もっとも「土地の盛衰を見計らって、減じ方を定めたい」としているので、三割五分引きにこだわらないで決着したいというものであった。奉行所でも「町並みを見合い事実相当の所を以て、揚銭高を取り極めするように」と割り引き率を高くするように求めている。ただし「どうしても示談が成立しなければ訴え出るように」としているので、奉行所としてもここで最終的な決着をつけようとしたのであろう。

このような髪結い組合の再興過程をみてくると、三〇万両を超える莫大な髪結い株沽券金（場所・床の権利金）の存在があり、これが捨て金にならないようにという床主の執念が浮かび上がってくる思いがするのである。

安政大地震と江戸職人

左官職の組合設立願い

一八五五（安政二）年一〇月安政の大地震がおこり、江戸の倒壊・焼失家屋一万四〇〇〇余戸および町人死者四〇〇〇人余という大被害をもたらした。幕府は窮民対策を講ずるとともに、物価・工賃の高騰を抑え、物資の供給をはかる政策を打ち出している。同年一二月に左官職が組合設立を願い出ている。

恐れながら書き付けを以《もっ》てご訴訟申し上げます

市中左官職のうち一三ヵ所の者、惣代三拾間堀一丁目次右衛門地借金八ら三人が申し上げます。私ども同職のうち一三ヵ所で従来から家職をして参りました。その場所場所で重立った者が世話をして仲間同様の申し合わせをし、お触れの伝達や手間賃引き上げをしないようになどを一同が守ってきました。今般の地震と出火で、従来からと同様に賃銀の高低がないように申し合わせをしようとしましたが、寄り合いを開いても出席しない者が多くあります。お触れで定められた賃銀を守らない者もいるため、お触れを守って正路に仕事をする者は却《かえ》って職人の雇い入れに難儀する始末です。

また土蔵の普請を請け負って、初めて壁土を付ける時を荒打ちといいますが、その時は雇い入れていない職人共が何人も来て勝手に手伝い、祝儀を要求するのですが、もし断わると口論し妨害するということがあります。これは年来の仕来《しきた》りのようになり、請負人はすべて迷惑しているので、同業者が申し合わせてこのような猥《みだ》りなことがないようにし、職業を正路にいたしたいと願っています。

つきましては、同業者は寄り合いの時は、全員が出席して申し合わせに参加するように、一三ヵ所の同職の者共へ仰せつけ下さるように、お願い申し上げます。そうなれば公儀御用はもとより、諸方の請け負い仕事も差し支《つか》えなくなり、一同有り難く存じあげます。以上。

この訴状は、地震後の物価・賃銀の引き上げを抑えようという町触れに便乗して、組合的結合を認めさせて、奉行所のお墨付きを手に入れようというものであろう。また同時に、災害によって地方からの入り込み職人も増加して、同業者権益が侵されるのを防止しようとしたものであろう。

訴状によれば、左官職にはもともと一三ヵ所という地域ごとに分かれた内仲間が存在して申し合わせをしていたという。そこへ入り込み職人の増加もあろうが、災害後の職人需要の増大によって申し合わせによらない自由稼ぎの職人が現われ、内仲間の統制がとれなくなったのであろう。仲間寄り合いや申し合わせに参加しない職人が多数現われるようになったので、町奉行所権力によって仲間的結合の強化を狙ったものであろう。もともと内仲間が同業者の利益をよく代表していれば、寄り合いや申し合わせに参加するはずであるし、参加しないのは内仲間が共通の利益を代表しなくなったことを示している。

すなわちこの訴訟人は左官請負業者であって、奉行所のお墨付きを得ることによって、一般職人に対する取り締まりを強化しようとするのである。請負を主とする親方層と、その下職として働く一般職人層の対立が明白に現われており、親方層が請負を独占して職人を完全に下職化しようとする意図をもっていた。その営業独占に対して職人層が抵抗し、申し合わせや寄り合いを無視したり、団結して請負業者に対抗するなどの行動がなされるのであり、内仲間が分裂状態の現象を示したものとみてよかろう。

この願書に対して町奉行所は、「金八外二人の願書の趣旨によると、これは仲間・組合を作りたいというように受け取られるので」という理由で却下している。まったく奉行所の判断通りの狙いをもったものであり、その狙いそのものが幕府の認めないものであった。ここでは仲間や組合はいけないという裁定に注目しておきたい。文化・文政の時期には、このような親方層が冥加《みようが》を代償に組合を作り、独占的利益と下職取り締まりの強化を果たしていた。嘉永の仲間再興令で認めた仲間とは、化政期の特権的な親方層の仲間というものではなく、一般職人層を直接的に掌握しようとしたものであるという幕府の意図を明らかに示しているのである。そして親方層が理由とした手間賃銀の取り締まりは、諸色掛名《しよしき》主によって十分に取り締まりができるという方針なのであった。

地震後の職人取り締まり対策

このような幕府の再興令のもつ意図をはっきり示しているとみられるのは、安政地震後の物価対策としての職人取り締まりである。すなわち地震後も職人手間賃が依然として高値であるとして、地震の翌年三月には諸職人が番組を定め行事または世話人をおいて取り締まるように奉行所が命じている。この時の職種は、大工・穴掘り大工・杣《そま》・木挽《こびき》・橋穴蔵大工・建具職・木柄《きがら》師・左官・左官手伝い・土こね・鳶《とび》人足・土手組人足・土方人足・川並鳶《かわなみ》人足・車持・艀船《はしけ》・軽子《かるこ》日雇・大伐・屋根職・瓦師手伝、に及んでいる。すなわち土木建築関係の職人や人足をほぼ網羅的に含んでいるのである。そしてまた地震に便乗して不当な賃銀をとったとして処罰された職人を出した職種でもあった。「つまるところ其《そ》の方共の申し合わせ方が不徹底であり、不埒《ふらち》の至りである」と叱られており、奉行所の通達を徹底させる組合的申し合わせ機構が整備されていないからとしているのである。それ故これ以外の土木建築業種においては町方のお触れを守って統制に服するような組合的申し合わせ機構をいちおうは備えていたのであろう。

ここでは組織としてはもっともとらえにくい人足や日雇らが多く取り上げられているのが注目される。人足については、一七九七（寛政九）年八月に統制機関であった日雇座が廃止されている。しかしそれによって無秩序に放置された状態になったとは考えにくい。同年一〇月には町火消し人足の組合がつくられており、その人足頭取が設定されているので、その統制に服するようになったのでないかと思われる。すなわち日雇座という請負業者の手を通して役銭を徴収していたのを廃止して、役銭の代わりに出火の際には火消しに出動させることにしたのであろう。もちろん普段は人足として稼いでいたのである。土手組人足というのは、同じように人足稼業をしながら町火消し組合に属さない人足のようである。火消しの義務をもたない、つまり組合に属さない人足が非常に増加したようである。

町火消し組合人足には入ってなくて、土手組と称している人足が多人数いると聞いている。右の者共は出火場へは出ていかないとはいっても、日常の稼ぎ方においては変わりがなく、組合がないためにすべて不取り締まりになっていると聞く。以来は最寄りの頭取共が引き受けて世話をし、もし心得違いの者があればさっそく名主共まで届け出るようにせよ。

という町触れが出されている。地域ごとの火消し組合頭取の統制下に入れようとはかったのである。

人足以外の場合にも、すでに仲間的な組織をもっているならばそれを利用し、まだそのような組織をもたない場合には、町名主が職人の中の有力者を適当に物色して組合をつくらせようとしたのであった。その事例を見ておきたい。

大工・左官らの官製組合

組合を作る経過を大工および左官の場合に見ると、江戸の町名主は一番組から二一番組までの名主組合をつくっている。その番組ごとに組内居住の大工（または左官）棟梁たちを諸色掛名主の寄り合い席に呼び出して、その席上で「この中から職人たちが承服するような世話人を行事として選ぶこと」と申し付け、その場で番組ごとの組合行事を決めたのである。そして次のことを申し渡している。

①職人たちだけで、勝手に仲間規定などをつくらないこと。
②不当な賃銀を受け取らないこと。
③年季中の職人弟子が、親方の仕事場から勝手に離れて賃銀の高い仕事場へ移るため、親方が難渋している。親方からの取り締まりが困難ならば、その組の行事から申し渡すようにして、さらに諸色掛名主からも取り調べるようにしたい。
④棟梁によっては、地方から出稼ぎの未熟な技術の大工や左官を使用して、他の職人並の賃銀と同額を受け取っている場合がある。今後ともこのような不心得の棟梁があれば、各組行事から諸色掛名主へ訴え出て取り締まるようにしたい。
⑤前金を受け取り、日限を切っての請負仕事にもかかわらず工事が延引する場合も多い。建築主からの訴えのあり次第、行事の手によってきっと埒《らち》を明けるようにせよ。
⑥現在の定め手間賃は、すでに「早出・居残り」を含む額であるから、「早出・居残り」を理由として割増賃銀を受け取った者は、ただちに町奉行所において取り調べをおこ

なう。

⑦仕事場へ遅く出かけ、または仕事の中休みを長く取るような職人があれば、町名主から奉行所へ訴え出ること。その棟梁はもちろんその組行事まで処罰する。

以上のように、職人工賃の引き上げを防ぐため町奉行所・町名主・組行事らが、職人の労働条件にまで干渉する内容になっているのである。

さらにこの申し渡しは、職人組行事から一般職人へ伝達させたのでは徹底しない恐れがあるとして、各組ごとに職人一同を呼び集め、組番名主から直接に言い渡すようにし、さらに組ごとに職人一同による総連印の請書を提出させたのである。そして職人行事の支配に従わない者は、奉行所から厳重な沙汰《さた》がある旨を名主から一人一人に直談《じきだん》し、また職人を雇った方も余分な賃銀を支払ったことが判明したら町名主がその者を訴え出るように、という強硬な方針が申し渡されたのである。

諸業種にわたる取り締まりのための組合

この安政三年三月の時には大工・左官以外の業種についても、石工・家屋根・建具屋・木柄師・瓦師手間手伝・鳶人足・土手組人足・土方人足・川並鳶人足については「この分は、古来より仲間があるので、その家業の組行事・世話人に取り締まりをまかせる」と、従来からの仲間組織をそのまま利用することにしている。これは鳶人足などは前述のように火消し人足頭取の支配に組み入れるということも含めたものであろう。

また一方で、大工・穴掘り大工・杣・大伐・橋穴蔵大工・左官・左官手伝・土こね・木《こ》舞《まい》掻《かき》・車力・伝馬《てんま》荷船に対しては「この分は、名主番組ごとに行事・世話方を相立てるように」と、まったく新しく職人の行事世話方を任命して組合をつくらせている。また屋根職人に対しては、従来から三六ヵ講に分かれ、そのうち五ヵ講から行事を出していた実態から「以来は、五ヵ講の行事から市中三一ヵ講へ諸通達を出すようにせよ」としている。

ここでは仲間組織をもっている職種にはその組織を強化して利用し、同類職に組合組織があればそれを利用し、講組織が仲間機能を果たしているものにはその講を利用し、何もない場合には新たに組合組織をつくらせるということをしている。まさにその業種の実態に応じて、物価や賃銀の抑制という幕府町方政策の貫徹のための職人取り締まり機構を完成していったのである。

左官職においては、前述のように前年一二月に仲間組織を認めてもらいたいと願い出ているのに、これは却下されているのである。そしてこのたびは、左官には組合組織がないからとして、名主番組ごとに行事世話役が任命され組合組織をつくらせているのである。

このたびの組合というものが、まったく自主性のない取り締まりのための官製組合であることは明らかであろう。また職人の組合行事というものが行政側の伝達機関として存在し、町名主に直結するような権力の末端機構として位置づけされていることが知られるのである。これらの処置は当面は物価や手間賃銀の抑制なのであるが、このような官製機構が職人・人足などの下層町人層の取り締まり全体に及ぶものであることは明らかである。とくに徒弟取り締まりも十分にはおこなえなくなった内仲間組織の崩壊に代わって、町方名主が直接に弟子取り締まりに当たるような官製的組合の成立になったといえよう。

官製的職人組合の効用

この一八五六（安政三）年八月に江戸で暴風雨があった。その翌日には世話掛・市中取締諸色掛・非常掛の名主が呼び出され、諸色値段および諸職人手間賃を引き上げないように、商人・職人から請書を取り集めるように申し渡されている。そこで急場取調掛名主というのが決められ、物価関係の調査を一四名の名主、諸職人・人足の手間賃調査掛として二〇名が定められた。そして職人の組ごとの行事世話方を集めて、不当な賃銀を受け取らないように組合内の職人全員の連印した請書を提出させたのである。それにもかかわらず調査の結果で不当な賃銀を受け取っていた大工・瓦師が見つけられ、とくに悪質と認められたものは召し捕られ入牢《じゅろう》となっている。そして入牢職人を出した組合行事は再び呼び出され、「この上同職の者は重ねて申し合わせをおこない、お互いに気をつけあって、万一にも内密に不当な賃銀を受け取っている者があれば、誰であっても申し立て、今後とも心得違いの者が出ないように厳重に取り締まりをする」という一札を取られている。先年に成立したばかりの組合が見事に利用され、一定の効果を収めたことが知られるのである。またこの官製組合は、幕令違反者を出さないための相互監視機構の役割も果たしていたことが示されている。しかもこの組合は、事実上職人の同業者利益をはかる仲間組織への転化を拒否するものであったことを、次に示しておきたい。

一八五八（安政五）年、大工による仲間願いが出されているが、次のようであった。

恐れながら書付を以て願い上げます

大工職二一組の内、一五番組の惣代麹町四丁目吉兵衛店清五郎外三人が申し上げます。私共職業の儀は北奉行所へ主立《おもだ》った者が召し出され、御白州《おしらす》において取締行事役を仰せつけられ有り難く仕合わせに存じます。今後仲間だけで申し合わせを取り決めることはかたく禁止すると申し渡され、恐れ入ります。その際は申し渡しを守るという請書を差し出しております。

しかるに、私共職業の者は多人数のため取り締まりがなかなかに困難であります。せいぜい行事どもが努めていますが、出稼ぎの者が入り込んでどこに居住しているのか、また市中一同の賃銀を受け取っているのかも一切分かりません。また在所で木材を細工して送ってくる場合も数多くございますので、支配を命じられている地域で不埒なことがおこっては大変に迷惑をうけることになります。そのような時は行事共より直接に話し合いますが、そのまま在所へ帰ってしまう者もあり、取り締まりが不行き届きになって難渋しております。そこでこのまま放置しておけば、お上《かみ》様からも御叱りを蒙ることになって恐れ入りますので、今般連印の者が一同で協議して訴訟を申し出ることにしました。どうぞ裏々に居る職人までも奉行所からの申し渡しを守るように、御威光によって仰せつけ下されば、今後とも取り締まりが行き届くことになると思いますので、恐れながらお願い申し上げます。以上。

この願書によると、奉行所において大工職の組合二一組（名主組合の一番組から二一番組までの支配範囲に合わせている）が決められ、取り締まり行事役も定められている。その目的は安政大地震後の手間賃引き上げを防ぐという上からの通達を処理する組合設定であって、仲間内の同業者利益をはかる申し合わせは禁止するというものであった。そこで取り締まりをより徹底させるという名目で、仲間的結合を認めてもらいたいというのである。ここでも組合と仲間の相違を示しているといえよう。この場合の仲間的取り締まりを求めた直接の理由は、入り込み職人の増加という問題である。とくに在所において木材の細工をおこなっておいて江戸へ送り出し、江戸市中では組み立て過程だけをおこなうという入り込み職人が流入する事態は、江戸大工の職場を荒らすものであり、それをどのように規制するかが目的であったようである。江戸周辺農村における社会的分業が進展し、大工をはじめ各種の職人が村方にも広範に成立することによって、災害需要時には江戸への大量の出職人を生み出すようになっているのである。

江戸の出職人による地域的な営業協定は、職人相互の了解によって従来までは比較的容易に達成できてきたと思われる。しかし幕末段階にいたって、周辺農村からの入り込み職人の増加という広域的な問題には対応できず、町奉行所の権威による仲間利益の達成が必要になったものといえよう。

この訴えに対し、奉行所では「新規の事柄であるので、認めるわけにはいかない」という封建社会の常套《じょうとう》的理由によって却下している。独占的利益を目指す同職仲間は認めないという基本方針の再確認ということであるが、広域的な経済活動という新事態に対して硬直化した幕府政策の限界が見出されるのである。とにかく内仲間的職人結合とは別に、幕府公認の大工二一組という取り締まりのための官製的な組合が成立していたのである。

幕末期江戸職人の存在形態

石工《いしく》店持は三〇〇人の石切職人を国役に動員することによって、同職組合を認められていた。石工の場合は職法によって石問屋との兼業を禁じていたため問屋商人ではないが、石工見世持（店持）としているので、居職人として注文生産をする製造と販売を兼ねる親方層であり、出職を主とする手間取り職人層とは階層を異にするものである。その石工見世持と石問屋の住居形態を表3に示した。見世持は全体二六七名のうち店借人が六六％と過半数を占め、同居人八％を加えれば七四％までを占めている。家持は三％にすぎないが、家主（借家人であるが、借家の管理を任されている家守または大家ともいう）が四九人で一八％も占めているのが注目される。地借とは土地

石工店持の階層

表3　石工店持・石問屋の階層

	万延元年 石工店持	嘉永5年 石問屋
	人　%	人　%
家持	9（3）	5（36）
家主	49（18）	2（14）
地借	12（5）	7（50）
店借	176（66）	0（0）
同居	21（8）	0（0）
計	267（100）	14（100）

表4　鋳物師の階層別異動状況

	嘉永5年 (1852) 現在数	嘉永5年〜慶応4年					慶応4年 (1868) 現在数
		〔増減ナシ〕転宅	〔増減ナシ〕譲渡	〔増〕加入	〔減〕休業	〔減〕廃業	
家持	1						1
家主	1						1
地借	3			2			5
店借	40	18	2	32	1		71
同居	0						0
不明	1	1					1
計	46	19	2	34	1		79

は借地であるが家屋は自分持ちの場合であり、江戸ではこのケースが多い。このようにみると、石工見世持には借家人上層が多かったのではないかと推定される。しかし『諸問屋名前帳』に出ている嘉永五年の石問屋の階層と比較すれば、その落差は歴然たるものがあろう。石問屋の場合では店借および同居は一人もなく、すべて家持・家主・地借人によって構成されている。問屋商人層と職人親方層の階層の違いを明白に示しているのである。

鋳物師の異動状況

鋳物師仲間として『諸問屋名前帳』に記載された嘉永五年当時の人数は四六人であった（表4参照）。そのうち店借人が四〇人で八七％を占めているので、鋳物師の大部分は店借人であったといえよう。その後に転宅したり休業したりした場合の記載があるので、その異動を表示した。その後の異動で注目されるのは、転宅が多く一九件を数えることである。すなわち嘉永五年当時四六人の鋳物師のうち一九人の四三％までが転宅している。一九人のうちの一人はこの一六年間に三度、九人は二度も転宅しているのである。このように転宅が多いのは商売上の理由であろう。江戸の鋳物師は、鍋・釜類など台所用品の生産や修理が多いと思われ、周辺の家庭へ一通り売り込んだり修理したあとは注文が減るので、他の場所へ移ったということが考えられる。また火を使用する職業であり、騒音なども出すので、火事の心配などいわゆる公害源として恒久的な居住は嫌われていたかもしれない。江戸時代には公害源となるような職業は町法で禁止している場合もある。いずれにしても職業上の理由と転宅が結びついているものと思われるのである。次に廃業や休業がほとんどなく、新規に開業して仲間に加入したものが三二人にのぼっていることである。鋳物師業界は比較的に活況であったようであり、一六年の間に一・七二倍という大幅な増加率が示されている。

板木屋の増加

板木屋《はんぎ》の組合加入者は、一七九〇（寛政二）年には六二人であったものが、一八五二（嘉永五）年には二二三人と三・六倍に増加している（表5参照）。組合外の存在を編入したこともあろうが、基本的には出版需要の増大にあったことは疑いない。その内訳をみると、二二三人のうち店借人が圧倒的な人数を示しており、同居人と合わせて一九二人で八六％ほどを占めている。このような職人親方層の零細性は、前記の鋳物師（八七％）とほぼ一致している。一般に職人親方といっても九割近くまでが店借人であったのではなかろうか。

この板木屋仲間構成員の異動のうち注目すべきは、新規加入者が五一人にのぼり廃業・休業がゼロということである。二三％も増加していることは、幕末期に出版需要がますます高まって情報産業が活況であったということであろう。しかもこの加入五一件のうち三

表5　板木屋の階層別異動状況

	嘉永5年 (1852) 現在数	嘉永5年～慶応4年 〔増減ナシ〕 転宅	譲渡	〔増〕 加入	〔減〕 休業	廃業	慶応4年 (1868) 現在数
家持	2	1		4			6
家主	14						14
地借	9	3		4			13
店借	185	15	9	38			223
同居	7	2		5			12
不明	6						6
計	223	21	9	51			273

表6　板木屋の加入・譲渡・転宅の月別動向

	慶応三年 一月	二月	三月	四月	五月	六月	七月	八月	九月	一〇月	一一月	一二月	慶応四年 一月	二月	計
加入			1	7		3	10	3	2		3	1	21		51
譲渡			1	3					1		1		2	1	9
転宅				6	2		4	5	2		2				21
計			2	16	2	3	14	8	5		6	1	23	1	81

〇件までが慶応三年、他の二一件が慶応四年一月にすべて集中しているという事実が見出される。また「譲渡」とした板木屋の権利を他人へ譲ったのが九件であるが、これもすべて慶応三年と四年に集中している（表6参照）。何故か「転宅」もこの時期に一致しているので、慶応三年三月から翌四年二月までの一二ヵ月に板木屋業界に大変動というか、大活況が生じたと見るべきであろう。これは当然のことながら幕府倒壊さらに戊辰《ぼしん》戦争へという経過をたどる維新変革との関連、時代の転換期における大量の情報を必要とした需要と合致したものであろうと考えられるのである。表6によると、加入・譲渡・転宅の合計数が二桁になるのは、慶応四年一月の二三件と慶応三年四月一六件、同七月の一四件である。この慶応四年一月はいうまでもなく鳥羽・伏見の戦いであり、政局の行末を決定する戦いが人々の耳目を集めたものであろう。慶応三年四月から七月までは神戸開港をめぐって紛糾していた時期であり、そのことが人々の関心を集めたのであろうか。または各地で頻発した農民一揆の情報を求めたものであるか、むしろ「ええじゃないか」の騒ぎこそ人々の関心を集めたとも思われるが、ここでは判然としないがいくつかの要素が合わさったものとも考えられる。それに対し、同年一〇月から一二月にかけての大政奉還から王政復古の宣言にいたる政局転換の時期には板木屋の動きは鈍いようであり、維新政府の成立という歴史的大事件は、民衆にとってはまさに雲の上の出来事の感が深いのである。

またこの表には出てこない仲間外営業というのか、モグリ的な情報屋も多数存在したものと思われる。たまたま摘発され訴えられた仲間外板木屋は、「仲間加入金の調達をいろいろ工面したが、どうしても調達できなかった」と述べているので、金額は不明であるが相当多額の加入金を必要としたのであろう。そのことは、仲間構成員は誂《あつら》え主から直接に注文をうける業者（親方職人）であり、一方では加入金も調達できないでその下請け仕事によって手間賃を稼ぐ多くの板木彫り職人が存在したのであろう。

桶樽職人の異動

嘉永の仲間再興令以後、月ごとの職人数の増減を町方に報告する義務が課せられていたが、桶樽職人では一八五二（嘉永五）年四月より一八五七（安政四）年一一月までのうち、欠月を含む約五年半に及ぶ史料が残されており大体の傾向を知ることができる。江戸の桶樽職人数は嘉永四年八月現在において二七組・一〇三九人である。この五年半の間に届け出があった人数は、増加分が七六人で減少分は五六人（表7参照）、差し引き二〇人の増加となっている。全体としては相当数の異動があったことが知られる。増加数が減少数をやや上回るが、とくに安政三年および四年の増加分が多く、相続・病死の自然増減を除くと、二一人の増加である。これは安政二年一〇月

表7　桶樽職人の年次別増減

年次	増加			減少			
	加入	相続	小計	相止	病死	帰郷	小計
嘉永5	8		8	8	3	2	13
6	12	1	13	4	2		6
安政元	9	2	11	8	3		11
2	7	1	8		4	2	6
3	16		16	6	1		7
4	19	1	20	7	5	1	13
計	71	5	76	33	18	5	56

の大地震の影響を受けたものであろう。全体として注目されるのは、増加分のうち家業相続はわずか五件であるのに新規加入が七一件ということであり、同じように減少分のうち病死とあるのは一八件であるのに、「職業相止メ」は三三件にのぼり圧倒的な数になっている。すなわち増減分の大多数は新規加入と廃業が占めているということである。加入前は何をしていたのか、または廃業後はどうなったのかはまったく分からない。しかし減少分のうち「国元へ帰郷」と明記されているのが五件あることからみて、新規加入の場合にも在方《ざいかた》から出てきたものが相当あるのでなかろうか。その他は弟子から職人になったものや外職からの転業であろう。また病死一八件のうち一二件までは「病死につき相除く」であって「病死伜《せがれ》相続」とあるのはわずか五件にすぎなく、親から倅に引き継がれることは少ないのである。このことは家業意識からみると意外な現象とも思われ、幕末期という混乱期を迎えて家業の継承も不安定になったものなのであろうか。

この桶樽職人仲間は他の同職仲間とは異なり、仲間員は店持職人だけではなくて手間取職人も含めたものであり、その手間取職人が大多数を占めていたことが家業意識に関係したということも考えられる。すなわちこの異動届けに出てくる一六八名のうち、家持二人・家主四人、駒込村や亀戸村などの百姓とあるもの三人、店借人の同居五人、店借人出居衆一人のほかは、一五三人（九一％）までが店借人となっている。しかも家主とある四人のうち三人までが「家主退身、同町何々店へ引き移り」という届け書に出てくるのであり、家主から店借人への転身ということが一般的であったのであろう。もちろん家主も借家人身分であるのだから、それを加えればまず圧倒的に店借人層が占めているといえるのである。店持親方職人であっても表店を借りて営業している店借人のケースが多いのはもちろんであるが、店借人層の大多数は裏店住居の手間賃稼ぎ職人であったと推定しているのである。また桶樽職人の月別の加入状況を調べてみると、五月が二二件と八月一五件・九月一二件が多く、他は五件以下の少数である。多分五月は夏を迎えて桶需要が多く、九・一〇月は冬を迎えての樽需要が多いとみられるが、いずれにしても季節需要に左右される稼業であるため、桶と樽の兼業や他の細工物との兼業も考えられ、それらの関係から家業意識も低かったのではないかと考えられる。

桶樽職人の移動と生活

月ごとの人数増減届けのうちから興味を引くものを取り上げてみたい。

A　嘉永五年四月、亀戸境町七兵衛店定次郎方同居人の与之吉が深川六間堀町代地庄八方へ転宅の届け出をしている。安政二年三月に同庄八店与之吉がさらに柳島町入右衛門店へ引っ越している。この間三年にして二度の移転をしたことが知られる。同じような例として、安政三年五月に新規加入した馬喰町藤助店樽職人忠次郎が、翌年一〇月には神田鍋町太助方へ転出しており、この間約一年半である。その他同様の事例が五件ほどあり、比較的近いところであるが、短い期間で移動する職人があったことが分かる。

B　そのうち興味ある事例として、安政二年正月八丁堀北紺屋町久兵衛店樽職人半次郎および深川森下町新兵衛店樽職人吉五郎の両人が新規加入しており、翌年七月同じく両人が共に廃業届けを出している。この間一年半ほどであるが、この両人が加入・廃業の時期をまったく同じにしているのは、同じ村からの出稼ぎなどではないだろうか。

C　嘉永六年正月、中橋広小路町半兵衛店樽職人伊三郎が廃業。翌年七月水谷町栄助店樽職人熊吉が前記半兵衛店へ移転し、約二年後に廃業している。同様事例として、

D　安政元年九月浅草八軒町市左衛門店久次郎が廃業し、同月同店から衆次郎が新規加入している。また安政二年四月には本所徳右衛門町弥兵衛店桶職人が「病死につき相除き」、そして同月同店から桶職人市五郎が新規加入している。このような事例は他に二例あるが、これらは相続ではないので店自身が作業場などの設備を持ち一定の得意先を確保しているとみられ、職人は雇用人かまたは手間賃稼ぎの職人や出稼ぎの出居衆とも

思われる。

E　嘉永六年七月、滝山町忠蔵店樽職人文蔵が芝新網町吉右衛門店へ移転し、翌年同吉右衛門店忠五郎が芝金杉町伊八店へ移転している。すなわち同店には一時期に二人またはそれ以上の職人がいたのでなかろうか。また安政四年八月には本郷新町道新六店から桶職人安次郎と浅次郎の二人が同時に新規加入している。明らかに二人またはそれ以上の職人が同一店に居たことを示している。これらは仲間への加入者であるから自立した営業者ということであり、店に雇用された手間取り職人までを仲間が網羅していたこと示すのでなかろうか。

以上のことから判明するのは、

(1)　幕末期の江戸における職人は、家業としての安定性が崩れつつあったと思われることである。それは在方からの出稼ぎや奉公などの入り込み職人の増加、他職からの転業などによって流動的になったことが考えられる。

(2)　それにもかかわらず、町方行政担当者はこのような短期間の出稼ぎ的な職人層や手間取職人層を、同業仲間をとおして相当正確に掌握していたのでなかろうか。

ということである。もちろん届け出なしで仲間に入らないで稼いでいた職人も存在したであろう。しかし同業仲間を通して把握していけば、長い期間まったくのもぐりで職稼ぎを続けることはほとんど不可能に近いと思われる。前述したようにもぐり稼業が摘発されて仲間加入を拒否した場合は、奉行所の権威によって加入させることが可能になるならば、町方当局は同業仲間を通して店借職人層まで比較的正確に把握していたのでなかろうかと推定しているのである。

あとがき

江戸職人と私の出会いは、大学の卒業論文のテーマにしたことに始まる。それから何十年の蓄積と言いたいところであるが、大学院の修士論文はまったく別のテーマに変わっていたという始末であった。卒論のテーマに職人を選んだ理由は、わが家が東京の下町で数人の住み込み職人を置いて、建具の製造と販売を職業にしていたという単純なものであった。このような単純なというより情緒的な理由によるテーマの設定は、後の処理がたいへんであることを痛切に知らされることになった。肝心の史料が見つからないのである。それでも、それなりの努力はしたつもりであり、父の知り合いの職人や親方を尋ねて聞き取りをしたり、随筆や川柳・落語をあさったりしたものである。しかしそんなものでは史料にならなかったり、断片的な事実や風俗を集めても論が成り立たないことが判明したのである。ようやく歴史学のきびしさの一端に触れた思いがして、卒論はテーマ設定から失敗した感が強かった。テーマに興味があるから研究対象にするということの反省から、今度は史料のあるものからテーマを探そうという方向転換になったのである。

大学卒業後は、都立高校に就職したこともあってしばらくは職人の研究とは無縁であったが、恩師の西山松之助先生が江戸町人研究会を主宰するからと参加をすすめられ、私も加えていただいた。月例研究会で発表の順番が廻ってくるので、再び江戸職人に手を出すことになり、その結果は『江戸町人の研究』第三巻に「江戸の職人」として発表させていただいた。今度は町触れや職人仲間の史料を使ってなんとか歴史学的な形態らしいものに整えられたと思っている。当時は史料の関係もあって、本格的に職人を研究の対象にしようとする動きは少なかったので、自治体史の中に記載されている少しずつの職人関係史料を全国的に収集してみようと思い立ち、日時をかけて実行に移しはじめていたところ、思いがけず大阪教育大学に転任することになり、職人の研究は再び中断することになった。大阪の教員志望の学生を相手に江戸町人の話をするのは気が引けるので、私としては大坂町人を研究対象にすることにして、現在に至るまで大坂町人社会に重点をおいた研究生活を続けている。江戸町人研究会には月例会にも出席できず、年に一度の合宿にも時たま顔を出す程度のまったく怠慢な会員になってしまった。

本書の執筆もこのような状況下でのことであり、新たな成果を組み込んで発表することは至難なことであるし、またそのような努力も試みていない怠慢を詫びるほかはない。既発表の論文を下敷きにして、吉原健一郎氏・三浦俊明氏・片倉比佐子氏・西和雄氏らの論著を参考にさせていただき、また旧幕引継文書の『諸問屋再興調』の職人関係仲間史料を加えることによって、ようやく本書としてまとめることができた。参考にさせていただいた諸氏には深謝するとともにお許し願いたい。

もともと私の願望としては、江戸（現在の関心からは大坂）の一般庶民というか中級以下の町人層というのか、彼らの生きるために働いている日常生活が浮かびあがってくるような姿を生き生きとえがきながら、歴史学的な論を展開することにあったと思っている。しかし思ったようには結果が出ていないのは、ひとえに能力と努力の不足ということに尽きるのであろう。しかし職人の歴史というと、史話的なものや風俗史的・世相史的な扱いのものが多いなかで、私なりに歴史的展開に重点をおいたつもりで執筆したことを了解していただきたい。

本書をまとめることができたのは、ひとえに江戸町人研究会の支えがあったことと、吉川弘文館編集部とくに大岩由明氏の多年にわたるご交情によるものと感謝に堪えない。怠慢な会員である私をいつでも暖かく迎えて下さる西山先生をはじめ、伊藤好一氏・林玲子氏・南和男氏・北原進氏……等々、それまでお名前だけは目にしていた諸先学と親しく交流させていただき、ご指導・ご助言いただけるようになったのは何よりもかえがたい。ますますのご発展を心よりお祈りします。

一九九六年八月

乾　宏　巳

著者紹介

一九三一年、東京都生まれ

一九五四年、東京教育大学文学部日本史学科卒業

現在大阪教育大学名誉教授

主要編著書

天明飢饉史料 石谷家文書〈編〉 なにわ大坂菊屋町 豪農経営の史的展開

歴史文化ライブラリー

4

江戸の職人

都市民衆史への志向

一九九六年一一月一〇日 第一刷発行

著者 乾《いぬい》 宏《ひろ》巳《み》

発行者 吉川圭三

発行所 株式会社 吉川弘文館

東京都文京区本郷七丁目二番八号

郵便番号一一三

電話〇三－三八一三－九一五一〈代表〉

振替口座〇〇一〇〇－五－二四四

印刷＝平文社 製本＝ナショナル製本

装幀＝山崎 登（日本デザインセンター）

歴史文化ライブラリー

1996.10

刊行のことば

現今の日本および国際社会は、さまざまな面で大変動の時代を迎えておりますが、近づきつつある二十一世紀は人類史の到達点として、物質的な繁栄のみならず文化や自然・社会環境を謳歌できる平和な社会でなければなりません。しかしながら高度成長・技術革新にともなう急激な変貌は「自己本位な刹那主義」の風潮を生みだし、先人が築いてきた歴史や文化に学ぶ余裕もなく、いまだ明るい人類の将来が展望できていないようにも見えます。このような状況を踏まえ、よりよい二十一世紀社会を築くために、人類誕生から現在に至る「人類の遺産・教訓」としてのあらゆる分野の歴史と文化を「歴史文化ライブラリー」として刊行することといたしました。

小社は、安政四年(一八五七)の創業以来、一貫して歴史学を中心とした専門出版社として書籍を刊行しつづけてまいりました。その経験を生かし、学問成果にもとづいた本叢書を刊行し社会的要請に応えて行きたいと考えております。

現代は、マスメディアが発達した高度情報化社会といわれますが、私どもはあくまでも活字を主体とした出版こそ、ものの本質を考える基礎と信じ、本叢書をとおして社会に訴えてまいりたいと思います。これから生まれでる一冊一冊が、それぞれの読者を知的冒険の旅へと誘い、希望に満ちた人類の未来を構築する糧となれば幸いです。

吉川弘文館

〈オンデマンド版〉
江戸の職人
都市民衆史への志向

歴史文化ライブラリー
4

2017年（平成29）10月1日　発行

著　者　乾《いぬい》　宏《ひろ》巳《み》
発行者　吉 川 道 郎
発行所　株式会社　吉川弘文館
〒113-0033　東京都文京区本郷7丁目2番8号
TEL　03-3813-9151〈代表〉
URL　http://www.yoshikawa-k.co.jp/

印刷・製本　大日本印刷株式会社
装　幀　清水良洋・宮崎萌美

乾　宏巳（1931～2009）

ISBN978-4-642-75404-0